香港華洋行業百年

貿易與金融篇

鄭寶鴻 編著

商務印書館

香港華洋行業百年——貿易與金融篇

編　　著：	鄭寶鴻
責任編輯：	張宇程
出　　版：	商務印書館 (香港) 有限公司
	香港筲箕灣耀興道 3 號東滙廣場 8 樓
	http://www.commercialpress.com.hk
發　　行：	香港聯合書刊物流有限公司
	香港新界荃灣德士古道 220-248 號荃灣工業中心 16 樓
印　　刷：	中華商務彩色印刷有限公司
	香港新界大埔汀麗路 36 號中華商務印刷大廈 14 字樓
版　　次：	2023 年 2 月第 1 版第 2 次印刷
	©2016 商務印書館 (香港) 有限公司
	ISBN 978 962 07 5676 4
	Printed in Hong Kong

—— 貿 易 與 金 融 篇

目 錄

上篇　前言

香港島於 1841 年開埠時起，大量來自九龍及內地的工人，從事開採石礦、打石及開山、築路及興建房屋的工作。

在 1860 年代的政府統計中，華人從事的職業還有漁業、農耕、造船以及商業經營，亦有大量被稱為 "咕喱" 的搬運工人。

到了 1881 年的統計，有八十多種華人經營的行業，僱用大量職工，較通稱的七十二行為多。當中規模較大者，包括轉口貿易的南北行、銀號、金飾店、疋頭商、洋貨店、船廠、金山莊及押店（當舖）等。

至於當時的大企業，則為外商經營的洋行、糖廠、煤氣廠、銀行、保險公司、船塢和船公司等。其中怡和洋行、鐵行輪船公司、黃埔船塢及滙豐銀行等，為行業中的巨擘。

除南北行外，華商亦涉獵不少洋商的行業，包括金融、航運、貿易及保險等。為保障各業行員的利益，不少商會、行會及公會隨之成立，規模較大的為南北行公所、華商總會及華商會所等。

華商與外商的洋行或銀行作交易時，多透過洋商聘請的華人買辦進行，這些作為橋樑的華人買辦，多有崇高的社會地位，當中以何東爵士為表表者。

轉口貿易商南北行，初期經營白米及中藥材買賣為主，後來擴展至鹹魚、海味以至船務及保險等多種行業。1870 年代，港府的稅收大部分來自以南北行商為主的華商。

金山莊、雪梨莊、南洋莊等莊行，為來自內地，前往美國、澳洲及東南亞一帶的勞工提供住宿、船運及匯兌的服務，當時亦有多間"寄信館"，供應較郵局快捷的寄遞服務，為上述的莊行業務提供便利者。

開埠初期，已有若干家拍賣土地及商品的拍賣行。由於樓宇或土地的轉手和買賣需透過律師行進行，不少律師行亦兼營地產拍賣或開投。

十九世紀末，報章已出現招聘廣告，稍後亦有名為"薦人館"的職業介紹所。不少薦人館亦兼營介紹樓房的租售。當時亦有很多"消息靈通"的個人經紀，往來於茶樓酒館之間以促成交易者。到了1960年代，才逐漸演變成目前的大規模地產代理行業。

1850年代，每天泊於港海的外國輪船，約有120艘，十分繁忙。眾多中外船公司皆在香港設立辦事處，當中包括港商的怡和、太古及德忌利士；內地的輪船招商局以及英商的鐵行等。

怡和洋行於1841年起已在銅鑼灣東角建成多座貨倉、糖廠及船廠。兩年後，第一艘港製輪船在東角行下水禮。

最大規模、位於紅磡的黃埔船塢註冊創辦於1863年，同年起黃埔船塢大舉收購港九多座船塢。當時亦有多座船廠、碼頭及貨倉設於西區及灣仔海旁，龐大的有位於尖沙咀、落成於1886年的香港九龍碼頭貨倉公司，以及二十世紀初的太古船塢及其附屬的藍煙囪碼頭及貨倉。

上述的船塢及貨倉以至碼頭，由1950年代起，逐漸發展為商住地產項目。

第一章

早期華人貿易
與職業

　　根據政府的統計資料，1860 年代，位於市中心（即中上環、灣仔至石塘咀一帶）以外區域之華籍居民，其主要的職業，有以下的類別：

區域	職業
紅香爐（銅鑼灣及大坑）	石礦、打石
七姊妹、白水灣、水淺灣、黃角咀至餓人灣（天后、鰂魚涌至筲箕灣）	打石
亞公岩	打石、割草、漁業
西灣（柴灣）	農業、割草
石澳	農業、漁業
鶴咀	農業、漁業
大潭、大潭篤	漁業

赤柱	商業、漁業
黃蔴角	農業、漁業
石排灣	商業、漁業
鴨脷洲	造船、一般商業
香港村（黃竹坑一帶）	農業
西環	造船
英屬九龍（即界限街以南的尖沙咀、油麻地、旺角、紅磡、土瓜灣等一帶）	石廠、農業、小型商業

　　十九世紀，有很多被稱為"咕喱"的搬運工人。殖民地當局對華人住宅，尤其是上環及太平山區的住宅，大部分定名為"咕喱館"，充滿歧視及侮辱性。

▲ 由蘇杭街及文咸東街上望皇后大道中與威靈頓街間的"十字路口"（Cross Roads）地段。正中為落成於 1858 年、設有水車館（消防局）的五號警署，其右方為雲來茶居，這一帶為華人的商貿金融地段。攝於 1870 年代。（圖片由佟寶銘先生提供）

1881 年，港督軒尼詩爵士（Sir John Pope Hennessy），在當年的人口統計資料中，獲致如下之華人貿易、職業及數目詳情：

貿易／職業	數目
大轉口貿易行（包括南北行等）	395 間
貿易商行、商店	2,377 間
經紀	455 人
收賬員	208 人
金銀號（買賣金銀條者）	34 間
錢銀找換店	111 間
華人銀號商（包括銀行經營者）	55 人
銀圓收銀人及分辨銀圓教師	222 人
疋頭商	109 間
花紗商	58 間
茶葉行	51 間
米店	128 間
煤炭店	20 間
洋槍店	20 間
木店（木材）	107 間
蘇杭店（綢緞絨布業）	156 間
洋貨店	191 間
買辦	95 人
交辦人（輪船買辦）	113 人
寫傭人（寫船館負責人）	41 人

▲ 皇后大道中華人貿易地段，由興隆街及嘉咸街向東望，約 1893 年。正中有棚架處為重建中的中環街市，其以東為香港於 1841 年首幅賣出的土地。左方可見滿漢及戲筵酒席包辦館、銀號、影樓、藥材舖、醬園、酒醋店、公煙館、茶居，以及兩旁皆有的鐘錶店、鞋襪店和蘇杭雜貨店等。

至於製造業方面，有如下的統計數字：

貿易／職業	數目
造竹器者	121 人
船廠（造船艇者）	110 間
雕工	71 人
捲雪茄工	31 人
機器匠	121 人
捶打金葉者	60 人
玻璃匠（大部分在西環玻璃廠工作）	16 人
雕塑神像者	15 人
造燈籠者	63 人
造皮箱者	53 人
造荷蘭水（汽水）者	30 人
造槳櫓者	43 人
煮鴉片者	103 人
藤器工人	448 人
製造洋槍者	5 人
製帆纜者	141 人
造火柴者	13 人
削檀香木及賣檀香者	76 人
製醬料者	41 人
造番梘（皂）者	7 人
製眼鏡者	1 人
華人製糖者	15 人
削蘇木者	20 人
製皮革店	1 間
刨煙絲（製煙草者）	96 人
造遮（雨傘）者	169 人
製牙粉（牙膏）者	57 人
製艮硃粉（頻料花紅粉）者	123 人
織布者	6 人
鐵匠	708 人
白鐵匠	173 人

貿易／職業	數目
白錫匠	172 人
木匠	2,923 人
坭水匠	542 人
舂米者	1,083 人
石匠	1,439 人
裁縫匠（大部分為車衣工人）	1,857 人
造紙盒者	10 人
燕窩店	35 間
魚翅店	15 間
豆腐店	107 間
玉器店	18 間
洋參店	4 間
紙紮店	30 間
廟祝	41 人
轎夫	980 人
華人醫師	330 人
藥材店	243 間
華人牙醫	3 人
建築師	5 人
堪輿家（風水師）	1 人
律師	1 人 （其為定例局員［立法會議員］伍廷芳）
報館主筆	1 人 （《華字日報》主筆陳賢［靄亭]）
星相師	84 人
書塾業師	171 人
寫真畫畫師	200 人
影相者	45 人
講小説者	1 人
樂師	30 人

◀ 1870 年代，羅馬廟
直街（威靈頓街）的
華人商店和居住區。
右方為 5 號的《華字
日報》。中上方有雙
塔的，是位於與砵典
乍街交界的羅馬廟
（聖母無原罪教堂），
1888 年才遷往堅道
16 號。

◀ 九廣鐵路（英段）採
石工地上的搬運工
人，約 1906 年。
（圖片由佟寶銘先生
提供）

繁盛的華人商住區域鴨巴甸街，由皇后大道中向上望，約 1935 年。左方有視店、裝修油漆舖，以及酒館茶室如冠南，一品陞（所在現為蓮香）及均益。右方則有洋貨疋頭舖、美髮院、太昌茶樓及北平酒家，兩邊分別有廣州及和昌影樓。

▲ 蘇杭綢緞店及洋貨器皿舖雲集的乍畏
街（蘇杭街），約 1935 年。右方有大
減價布招的是位於 1 號的盧信隆。

1894 年，由陳曉雲（鏸勳）所著的《香港雜記》內，所記載 "華人行業" 當中，有：南北行九十多家、金山莊百多家、銀號三十多家、寫船館二十多家、磁器舖十多家、呂宋煙舖六至七家、煤炭舖五至六家、建造泥水舖五十多家、花紗舖十五、六家、麵粉舖十二、三家、金銀首飾舖十六、七家、生鴉片舖三十多家、當押舖四十多家、米舖三十多家、茶葉舖二十多家、疋頭舖五十多家。

此外亦有洋貨舖、傢俬舖、銅鐵舖、日本莊、蓆包舖、裁縫舖、藥材舖、油豆舖、油漆舖、影相舖、藤椅舖、硝磺舖、辦館、酒館、銀硃舖、鐘錶舖、木料舖等。

1919 年，《華字日報》介紹較冷門的行業中有：花生行、荳行及錫行等。

水上人家的搬運艇，約 1936 年。其主要用途是運載客貨往來拋海（碇泊於海中心浮泡）的大洋船。貨櫃船通行後，這行業逐漸式微。 ▶

▲ 金鐘區皇后大道東，海軍船塢大閘口（所
　在現為金鐘道力寶中心）的修船工人，約
　1925 年。全盛時期有近萬工人，上下班
　時段，兩邊的行人路十分擠塞。

◀ 中環的中國街（於約 1970
年易名為萬宜里）。此陋巷
式的中國街兩旁有裝修店、
藥店、批發行及留產所。左
方的樓宇於 1955 年拆卸，
改建為萬宜大廈。

到了 1939 年，該報再介紹包括：豬肉行、鹹魚欄、罐頭行、鹽業行、糖薑行、礦業行、客棧行、陶器行、樟木槓、炮竹行、製漆行及鞋行等行業。

1955 年 1 月，中華廠商聯合會編定，傳統七十二個行業以外的新行業，計有八十多種，當中包括：鋁質、膠製品、電池、糖果餅乾、建築、燈泡、鈕釦、樟腦、化學製品、化妝品、針織、抽紗、電器用具、殺蟲藥、搪瓷、熨斗、印刷、熱水瓶、毛冷、地毯、銻（鋁）製品等。

其他新興的行業還有：私家偵探、地產經紀、職業介紹所等行業。

2

4

1 街頭補鞋匠，約 1930
年。補鞋匠最早於
1850 年代在中環吉士
笠街近皇后大道中設檔
經營。早期港督亦曾光
顧。（圖片由佟寶銘先
生提供）

2 街頭流動蔗檔及生果檔
的小販，約 1930 年。

3 筲箕灣漁區的艇戶魚
販，約 1950 年。留意
圖中有早期各行各業均
用其量重的秤，與及重
約四兩而可撥（平衡）
多斤的秤鉈。

4 位於銅鑼灣道聖保祿醫
院對面行人路上的街頭
車衣檔，1974 年。

第二章

華人企業與商會

早期華人經營的行業，除南北行外，還包括保險、船務、置業按揭、金融、地產、貨倉、當押及五金等。

大企業除了乾泰隆等米商外，還有 1870 年代的昌盛金舖等金融行。1900 年成立之“福安洋面火燭保險兼貨倉公司”，其負責人當中，有昌盛金舖之余尊五，和乾泰隆之陳銘之等。

其他華人企業，還有如下多家：

年份	華人企業
1895 年	萬安保險有限公司
	全安火燭保險公司（司理人：周少歧、周卓凡）
	濟安洋面保險有限公司
	萬益置業公司
	廣運輪船公司
	咸北輪船公司（司理人：陳曉雲（鏸勳），於 1906 年逝世）
1901 年	普安保險業貨倉公司

二十世紀初起，著名的華資保險公司，有：

- 先施保險公司；
- 永安人命燕梳（人壽）公司；
- 康年水火保險公司；及
- 中國康年人壽公司

　　1923年，全安火燭保險公司之司理人招雨田逝世，而另一負責人周少歧則於1925年7月17日，因普慶坊住宅倒塌而喪生。

1　由德輔道中上望砵典乍街，約1910年。街道兩旁幾全為華商的店舖和貿易行號。

2　德輔道中至干諾道中的新填海地段，正中為砵典乍街，約1910年。除左方的清風樓日本旅館外，大部分樓宇為華商所有。稍後，不少如紙行、煙行、辦館、船公司、金山莊及報館等華商企業均在此開展。右方的古舊樓宇範圍內，有數以百計的華商機構和店舖，於1957年重建為第一代萬宜大廈。

◀ 由砵典乍街西望德輔道中，約1910
年。左方古舊樓宇旁窄巷為中國街
（現萬宜里）。古典的中環街市兩旁
的地段，曾為第一代渣打銀行（左）
及鐵行輪船公司（右）所在。連同右
方背連干諾道中的一列樓宇，大部
分為華商店舖、機構及住宅。最右
面的樓宇於1962年建成恒生銀行
大廈（現盈置大廈）。

早期的華人船務公司，還有省港輪船公司及順昌輪船公司等。

其他較大的企業，還有成立於 1890 年代，由周少歧任司理人的 "香港九龍置業按揭公司"，及富榮匯兌按揭兼貨倉公司等。

著名機構還有：
· 聯益起造號（司理人：林護）
· 昭隆泰公司（創辦人：區澤民）
· 曾富公司（創辦人：曾富）
· 萬成當押行（司理人：李右泉）

由雲咸街望威靈頓街，約 1920
年。至 1950 年代，這一帶有很
多華商鞋店、車衣舖、照相館，
尤以經營汕頭花邊及抽紗的商
行為多。整條威靈頓街亦有很
多中西食肆及餅店，十九世紀
起已為知名的食街。

▲ 文咸東街及左方的乍畏街（現蘇杭街），約 1920 年。這一帶為華人的金融及貿易區，著名藥廠唐拾義及李眾勝堂亦位於此。蘇杭街自 1850 年代起已雲集數十家疋頭行及綢緞莊等店舖。

▲ 由永和街至機利文街之間的一
段德輔道中，約 1927 年。這一
帶為繁盛的華人商業區，有大
新、先施、麗華及昭信等大百貨
公司，以及百家利化妝品公司。
此外，還有天吉及發昌等知名銀
號，亦有音響及電器行天壽堂、
華美和代月等。

▼ 華人商貿中心點油麻地。這一帶有
大量金舖、玉器店、糧食店、食肆、
衣物店以至辦理喜慶和喪儀的舖號
等。圖中為廟街,可見位於 78 號的
老牌大來筵席專家,以及其左方的
九龍鹹水魚買手俱樂部。

華人商會

1897 年，華商會所成立。

1900 年，華商公局成立，1910 年代易名為華商總會，該會早期的主席包括陳賡虞、李右泉及郭泉等。

1909 年，新會商務公所籌組，後來改為新會商會。

1913 年，各業的行會及商會計有：金山莊行、鹹魚行、檀香行、米行公義堂、牙科行、新舊銅鐵行及番禺工商會所等。

1920 年，崇正工商總會成立。

1921 年 2 月 24 日，旅港潮籍人士假皇后大道中 325 號杏花號，籌組成立潮州商會。1955 年，位於干諾道西 29 號的潮州商舉行第十九屆會員大會。

1924 年的商會有：潮州八邑商會、香邑僑商會所及旅港順德商務局綿遠堂等。

▲ 約 1928 年的干諾道中。中央部分
及右方的三、四層高樓宇,大部分
為華人商業機構及商會所在。

1920 至 1930 年代，有不少華人商會發行馬票，包括：華商會所、崇正工商總會、建造商會、建造工業總會、鶴山商會及華人機器會等。

1930 年代的主要華商行業商會、或名為公所、公會、行、工商總會或總商會等，計有：華商燕梳行、入口洋貨普益商會、商業通濟公會、香港米業商會、牛羊欄行、當押行等。

至於地區邑鎮的商會則有：南海商會、番禺會所、東莞工商總會、順德商務局、中山僑商會所、新會商會、鶴山商會、台山商會、寶安總商會、福建商會、九江鎮商會、僑港惠陽商會及瓊崖商會等。

1939 年，九龍總商會成立。

二戰前後主要商會有：印刷業商會、金銀業貿易場商會、香港及九龍的珠寶玉器金銀首飾業商會，以及新界的元朗商會、石湖墟商會、大澳華商會及長洲華商會等。

1950 年，香港青年商會成立。

同年，華商總會在干諾道中 64 號會址，舉辦中國歷史鈔票展覽。

同年 10 月 1 日，華商總會決定懸五星國旗。

1952 年 2 月 19 日，華商總會修改會章，易名為"中華總商會"。

同時，該會在干諾道中 24-25 號，原德忌利士船公司所在興建新廈，於 1955 年 5 月 25 日落成開幕。

1958 年的干諾道中。左方鐵行大廈以西大部分為華商企業樓宇，最高的為新 ▶
落成的大昌大廈、馮氏大廈及中總大廈。兩者之間稍後興建華商會所，中總
大廈的右方為一年前落成的萬宜大廈。

◀ 約 1952 年的干諾道中。中右方為
"敵產碼頭"港澳碼頭,中左方為
位於干諾道中 64-65 號的華商總會
(中華總商會)。

第三章

大型企業

1880 年 2 月，《循環日報》對香港之貿易有如下之論述："香江一隅，僻處粵東遠濱洋海，數十年來，實行各國通商，其大碼頭亦即士商往來孔道，故生意繁盛。"

港中生意最大者，為洋商銀行、布疋，之後為鴉片、水銀、銀硃及雜貨。

華商之南北行，生意足以相比，以糖、米、豆為大宗，銀號（包括華資的銀行）亦具規模。

而港督軒尼詩於 1881 年，言及本港外商經營之企業，極其興盛者有：船塢公司、糖局公司、輪船公司、保險公司、煤氣公司，以及獲利甚豐的香港上海滙理銀行（即滙豐銀行）。

▲ 由美利道海軍船塢區至戲院里間的一段寶靈海旁（德輔道中），約 1872 年。左方為英軍艦 Victor Emmanuel 號，到了 1890 年代才由添馬艦取代。第一代大會堂背後，聖約翰座堂的西鄰為美商曷公司（Augustine Heard & Co.，瓊記洋行）大班的住所。大會堂的右方為第一代香港上海滙理（滙豐）銀行。右方畢打街鐘塔的左端為香港大酒店（前身為顛地洋行），最右為渣甸（怡和）洋行。（圖片由吳貴龍先生提供）

▲ 1870 年代，由美利操場（現長江中心所
在），望聖約翰座堂及曷公司的大班住
所。該址於香港回歸後為終審法院。

▼ 怡和洋行位於東角糖廠羣的其中一間，約 1875 年。建築物原為 1866 年至 1868 年間的香港鑄錢局（鑄幣廠），於 1868 年倒閉後，改作糖廠。建築物正中原有的一座尖塔已被夷走。廠房的前端現為加寧街，右方為京士頓街。

▲ 1870 年代的皇后大道中。正中為位於 34 號、落成
於 1846 年的第一代香港會所（又稱為新公司，所
在現為娛樂行），常有軍政商界人士在其中聚會。左
方雲咸街以東的樓宇曾為香港第四間發鈔銀行呵加
剌（Arga）銀行所在。右方德己立街以西為位於 36
號、成立於 1841 年的香港大藥房，其樓上為成立
於 1862 年的香港中華煤氣公司。

▼ 位於畢打街 11 至 16 號與德輔道中交
界，於 1909 年重建落成的第二代渣甸
行（怡和大廈）。其尖塔型屋頂長時期為
著名地標，其右鄰為位於德輔道中 20
號的惠羅公司。攝於 1919 年慶祝歐戰
和平期間。

◀ 約 1948 年的干諾道中。由左起依次為太子行、皇后行（現文華酒店所在）、聖佐治行、皇帝行及於仁行。不少大企業包括通濟隆銀行，寶隆洋行、多利順洋行、黃埔船塢、拈孖治洋行、和記洋行、夏利文公司、源和洋行、舊沙宣洋行，以及包括昌興、美國、法國、鐵行及美國總統等多間輪船公司，均於這些大廈內開設辦公室。

第四章

南北行

　　1851 年 12 月，一場由威靈頓街起，迄至西營盤修打蘭街，沿着當時瀕海的皇后大道焚燒之沖天大火發生後，政府用廢墟的頹垣敗瓦進行填海，在新填地上闢成文咸東街、文咸西街、乍畏街（即蘇杭街）、孖沙街及摩利臣街等多條街道。約 1870 年，填海範圍伸延至永樂坊（街）。而當局亦在此一帶撥出多幅官地開投，供各行業人士購買。

　　早期的文咸東街為華人的金融街，金舖銀號雲集。

　　至於文咸西街早期名為文咸西約，又被稱為舊鹹魚街，以及南北行街，則麇集以經營白米、參茸藥材、海味、銀號及保險公司的店舖。最早的一間米行，是成立於 1851 年的乾泰隆。另一著名米商為元發行，其"事頭"（老闆）為顯赫的高滿華及陳德輝，後者為穿紅頂花翎四品官服的清庭候補道台。

　　由於洋行只做外洋生意，若要與中國內地及南洋進行交易，則必須假手南北行的商號。

2

1 位於文咸西街 12 號，開業於 1920 年代的蔘茸藥舖百昌堂，1985 年。藥舖及建築物現仍存在。(圖片由陳創楚先生提供)

2 南北行街店舖外的剃頭檔，背後可見店舖新到商品的掛牌，約 1900 年。

　　南北行的"南北"，是指"南貨北運"及"北貨南運"。"南"是指南洋及東南亞，北是中國大陸、日韓及俄國，後來"南"泛指全世界。

　　南北行又稱"九八行"，除利潤外，買賣貨物 100 元，例扣店佣 2 元。不過，大多數行號都將店佣定於 4 元，所以實際為"九六行"。

　　迄至 1940 年代末，南北行是"駕勢"的行頭，其"事頭"或大班的地位，較諸洋行或船公司的"買辦"還要高，就算做一名管店、伙頭或後生，都是勝人一籌者。

1868 年，南北行之行會的"南北行公所"成立，該公所有自己的"更練"（警衛）及水車（消防）隊。在該一帶巡邏的南北行"更練"一直運作至 1970 年代初。

1870 年代，南北行及金融貿易區伸延至永樂街，亦有若干間酒家食肆。部分南北行商的財富已凌駕洋商，當時港府的稅收，百分之九十是來自以南北行商為主的華商。而歷屆東華醫院的總理中，多位亦為南北行的行商。

1880 年代，經營參茸藥材的南北行店舖有利貞祥、永和祥、百隆堂、天草堂及晉昌榮等。現時仍有一開業於 1920 年代之老店 —— 百昌堂。

1895 年，有一位於文咸西街 42 號的濟安洋面保險公司成立並招股，其司理

▲ 由南北行街（文咸西街）中段東望永樂西街，約 1920 年。中左部兩層高的古老大屋為落成於 1860 年代的南北行公所。

人為陳曉雲（鏸勳）。他曾於 1904 年任東華醫院總理，亦為香港第一本華人史書《香港雜記》的作者。

1870 年代，南北行的大米商除乾泰隆、元發行外，還有建南行、泰利行、敦和、全盛、和順興及悅和隆。當時的米種有安南占粳米、安南總樸米、火車樸米及一種鴉片米。當時的米價每擔（一百斤）為 1.8 元。

戰前，南北行的入口米商共有 16 家，當中包括乾泰隆、南和行、鉅發源、振南行、振盛行、榮豐隆及永豐隆等。

◀ 同為南北行商雲集永樂西約（永樂西街）更練辦事處的經費收據。

▲ 干諾道西的米商義和隆、泰昇和及德昌。右方為皇后街，1985 年。（圖片由陳創楚先生提供）

▲ 南北行店舖的金漆招牌，以及大門兩端的桃符春聯。（圖片由陳創楚先生提供）

▲ 工人們在干諾道西由貨艇搬運白米上岸，
約 1935 年，可見撿拾漏在地下碎米的女
孩。右方為西邊街白米公倉的均益貨倉。

為方便運輸，不少米商亦有自己的船隊，如由李興瑋（興瑋大廈以其命名）創辦之南和行，便設有"和發成船公司"。

戰前期間，白米來源地主要為暹羅（泰國）及安南，部分來自內地。入口米商的存倉量（quota）是要依從政府批出的"點子"者。

最大存量的米商是七點子，每一點子是 24,000 袋"藍線包"，每一包內裝米 173 斤，七點子即共約 2,900 萬斤。

當時存米的"公倉"主要為均益倉（現均益大廈所在），及九龍倉（現高樂花園住宅及海港城所在）。

入口米商會將白米批出予稱為"批發商"或"二拆家"的"二盤米商"，再由二盤米商"拆"（批）售予零售米店。

早期的南北行商號，皆各佔整幢連舖位共三、四層高的唐樓，更有些商號甚至由文咸西街打通至皇后大道西者。即如米商榮豐隆，米舖在文咸西街 18 號，但樓上各層則接通至皇后大道西 13 號的二、三、四樓。地下為交易之舖面，後方為賬房及銀倉。二、三樓均設有貴妃牀及鴉片煙牀，供東主及人客享用鴉片。四樓為廚房及職員宿舍，或另有宿舍設於其他地方。不少職員的"老、病、死"皆在店內度過。

一家店號共有職員三十至四十多人，當中包括一至兩名掌櫃、一名買手、一名"瑪真"（或稱"孖氈"，即 merchant，與外國人周旋的翻譯和文書）、二十多名管店、十多名後生（練習生及雜役）、三名伙頭（廚師）。

▲ 由文咸西約理事會發出予文咸西街 50 號大生銀號（銀行）的收條，1953 年。

戰前起，南北行老闆喜歡享用德輔道西18號公園酒家的燒鵝，及其對面9號天發酒家的魚翅。和平後，一客由天發酒家送上門的外賣魚翅套餐，用小火爐烘着，供一人享用者索價20元，約為一普通工人的大半個月薪金。

　　另外，各店號門外均駐有一名"補衫婆"，專為店伴縫補衣物，每次可獲工銀一、二毫，店舖亦供應她兩餐飯餸。

▲ 南北行街店舖外的補衫婆，約1925年。

▲ 經過德輔道西鹹魚欄區的喪儀隊伍，約 1930 年。

1930 年代初，設於文咸西街的銀行只有"汕頭商業"（現時的大眾銀行），及新加坡資本的"四海通"。而南北行商往來的銀行主要為滙豐、渣打及東亞，但皆只有中環的總行。若要在這些銀行提存當時行用的銀元，店伴多乘店舖自備的"長班車"（私家人力車）前往交收。

　　每屆農曆新年、孔聖誕、盂蘭節，整街的店舖皆會作盛大慶祝。農曆除夕、新正開年、開市，皆會燃放一串長炮竹以資慶賀，並在舖前設"八音樂隊"，鼓鈸齊鳴以迎貴客。盂蘭節時，南北行店東會舉行"拋三牲"及"撒錢"的儀式，是將祭祀的雞、鴨、鵝等食品及銀、銅幣散給貧苦大眾之善舉。

　　農曆新年及清明假期，不少隻身來港工作的店伴，會回鄉與妻子溫存，稱為"種薑"，意指如在歲末一索得男，即會設"薑酌"廣宴親朋。

　　日治時代，南北行的生意大受影響，胡文虎曾邀請乾泰隆、南和行、榮豐隆、振盛行等八間入口米商及七家大雜糧商辦運白米入口，以維持民食，但成效不大。到了 1945 年 4 月，由包括三菱、日本郵船等財閥組成的"興發營團"，壟斷和控制白米的入口和專賣，導致米價飛漲，不少人餓死街頭。

　　1947 年 11 月 1 日，包括南北行商的商界，在先施公司樓上的中國酒家設宴，慶祝商人節。

　　同年，因政府實施貨品輸入管制及限制結匯，加上大量來自大陸、南韓及日本的海產雜貨湧至，內地以至全世界的銷場卻無法打開，南北行的生意大受打擊。

▼ 德輔道西的鹹料雜貨舖及鹹
　魚檔，約 1985 年。

▲ 開業於 1910 年代，位於荷
　李活道 62 號的振隆米舖，
　1994 年。

▼ 位於永樂西街與文咸西街交界，於
　 1954 年重建落成的第二代南北行公
　 所，1992 年。

　　1950 年，有 80 年歷史的南北行公所樓宇改建為大廈，於 1954 年落成。1990 年代再度重建。

　　1954 年 8 月，政府接受包括西商之新入口米商登記，此後由 16 家增至 29 家。到了 1975 年，再增加 7 家。

　　1950 年代末，南北行商由文咸西街紛紛向附近的街道擴散，包括德輔道西、干諾道西、皇后大道西及永樂街等。目前，仍有一座乾泰隆大廈矗立於南北行街。

　　二戰前後，有不少白米批發商的店舖，包括干諾道西四記、榮和昌、義興祥、茂盛隆、榮豐、廣承興、英源、義和隆，以及永樂街的廣萬昌、公和祥及聯豐等。若干家後來亦成為入口米商。

第五章

金山莊與其他莊行

金山莊

金山莊是代客辦運貨物往美國的三藩市、洛杉機及紐約等埠的店舖,辦運的物品主要為藥物、土特產、食物和用品等。

此外,金山莊亦招待和安頓無力入住旅店,赴美的旅客和勞工,並為他們安排交通工具,以及辦理寄遞和匯兌的服務。

金山莊的業務亦概括加拿大雲高華(溫哥華)等埠頭。

1880 年代初的金山莊,有廣裕豐、廣永生及泰興隆等。部分在報章刊登廣告,辦理由金山寄港的匯單,以及各梓友(鄉里)之往來信札。

▲ 由文華里西望華人金融區的文咸東街,約 1930 年。這一帶有多間金銀號及包括李眾勝堂和唐拾義的藥廠。左右兩方有廣和泰金山莊及陳東亞辦莊。

　　1890 年代,香港有金山莊百多間,分佈於皇后大道中、皇后大道西,德輔道中、德輔道西、文咸街,永樂街以至干諾道等。

　　二十世紀初的著名金山莊有:萬利棧、同德堂、永安泰、聚昌隆、永昌吉,以及由陳孔欽創辦的華英昌、古輝山創辦的寶隆,和蔡昌創辦的瑞永昌等。蔡氏於 1912 年創辦大新百貨公司。

　　金山莊的行業商會為華安公所,後來易名為華安商會。

▲ 蔡昌。

1930 年代末，約有 150 間金山莊，著名的有：金利隆、廣英源及東昌盛等。當時正值中外戰雲密佈時期，金山莊經營不易。

　　除金山莊外，還有：秘魯莊、雪梨（悉尼）莊（或稱新金山莊）、日本莊、呂宋（菲律賓）莊、石叻莊及庇能（馬來及檳榔嶼）莊（又稱為"南洋莊"）、安南（包括東京灣、越南、海防）莊、渣華（爪哇）莊及泗水莊（爪哇及泗水皆為現時印尼城市）等。

　　此外，亦有往來中國內地之"上海及內地莊"（或稱"內地幫行"），當中又再分有：上海莊、申津（上海、天津）莊、雲南莊、浙江幫行，三江幫及廣（廣東）幫等。上海莊等的行會為"上海行慎遠堂"。

　　淪陷期間，因無法與美國通商，金山莊商人紛紛改往澳門以至廣州灣（湛江）繼續經營。

　　1952 年，美國擴大限制中國大陸產品進出，金山莊行業趨向衰頹和式微。

位於皇后街 22 號的廣鉅源香莊及出入 ▶
口莊，1985 年。（圖片由陳創楚先生
提供）

批局

除金山莊及各幫行外，當時亦有不少"批局"辦理"僑批"業務。

所謂"批"，即為匯款。1940 年代，有一"陳萬成批局"，辦理香港與南洋一帶之間的"批信"（匯款通知信）業務。不少銀號及南北行商亦兼營此業務。其行會為"香港批業商會"。

一間位於德輔道西 14 號南北行街口的陳明泰銀號，專辦星馬印支一帶華僑的款項批（匯）往中國內地的業務，一直經營至 1950 年代後期。

◀ 1930 年，汕頭陳豐利棧匯款至香港豐利棧交款的匯票。

◀ 一封由寬和祥金山莊寄往美國的信件，1941 年。戰事迫近，該信件需被拆開檢查。

第六章

寄信館

CHEUNG LI CHUN Esq.

C/o WING TY WO.

HAIPHONG.

張理川先生升啟

香港協安有限公司附

早期，華人寄遞書信要靠被稱為"巡城馬"的私人派遞人員提供服務。

香港郵政局於 1841 年開辦，可是直到 1920 年代，仍有寄信館（或稱信館、信局）寄遞書信。

十九世紀中後期，不少船務公司的買辦以及知名紳商，兼辦收寄往來美洲、澳洲及世界各地的書信。

1884 年，香港驛務司（郵政司），曉諭華商如有書信付往美國各埠，要在信面上貼上"信資紙"（郵票），交驛務署（郵局）代寄，不能自行交往船上寄出。而舊金山（三藩市）稅關人員會登船搜查，若搜出需罰款雙倍。稍後，有信件二萬多封因未貼郵票，由舊金山經船退回。

1894 年，有多間寄信館（部分為已領牌者）開設於上環，包括同利信館、炳記信館等。

1905 年，有一位於文咸東街 144 號的"全泰成信局"，宣稱已在驛務局註冊領牌，代收代寄各埠書信及匯票，並會在郵件上貼足郵票，交往快船寄遞。該局亦辦理代寄賀年紅柬及各種禮物的業務。

當時，有部分寄信館，在郵件上貼上郵票，蓋銷私製偽郵戳，交船寄遞，不少遭郵局截獲，東主因而被重罰。

約 1900 年，"巡城馬"因奪郵局之利全被禁止。1911 年，仍有寄信館 34 間，但一年後減少至 28 間。

1915 年歐戰期間，為防止通敵，郵局禁止任何人帶書信出入口，連來港受僱，以及往外埠工作之介紹信亦不能攜帶。

歐戰和平後，寄信館主要為代人投寄信件及包裹，信件多為各銀號的金融行情。寄信館人員往各銀號收取行情信件，裝入包裹，經郵局寄出，或貼上郵票，蓋上偽郵戳（不少人因而被捕入獄），交省港船寄出，因交船寄出較為快捷。或將信件裝入包裹經郵局投寄，抵目的地後才自行派遞，因包裹郵資較信件郵資廉宜，寄信館因而可獲利。

1926 年，郵局禁止以包裹寄遞信件，導致寄信館無利可圖，紛紛結業，部分轉為"批局"，做匯款生意。

1 1903 年，一封一般由寄信館代寄往安南海防的信件。

2 約 1915 年由皇后大道中望畢打街。右方為香港大酒店，正中的萬順酒店稍後轉為於仁燕梳公司。左方舊郵局及其旁的四層高的樓宇，有若干家外資機構。尖塔屋頂的是第二代怡和洋行。

第七章

薦人館與樓房經紀

薦人館

　　十九世紀的報章，已見有招聘廣告。到了 1910 年代，已有稱為"薦人館"之職業介紹所設立。

　　1939 年，有一"民生祥職業介紹所"在報章登廣告，稱有下開職位空缺招聘，包括：洋行寫字樓管店、司櫃、伙頭、打雜、車伕（拉人力車者）、後生、住宅褓姆傭婦（媽姐）、大煮飯、洗熨、近身、大妗、住年妹（見習女傭）及司機等，宣稱僱主免佣。

　　和平後的 1950 年代，港九共有薦人館約一百間（或檔），開設於港島的荷李活道、依利近街、卑利街、莊士敦道、軒尼詩道，以及九龍的上海街和九龍城的若干條街道。

　　所招聘的人手，除傳統者外，還有使媽（近身）、奶媽（照顧初生嬰兒的乳母）、陪月及乾腰（換尿片）、較奶、鳳城阿姑（順德籍的女傭廚師）、一腳踢（一切工作皆要做）、男工

的花王及看更等。稍後,最渴求
的是被稱為"媽姐"的華洋住宅褓
姆女傭。

　　求職者需交掛號費 2 元,成
事後則抽取首個月薪金的 20% 作
介紹費。

　　1950 年代知名的薦人館有位
於依利近街 4 號的"大中華",及
位於卑利街的"裕新"等。

▲ 約 1948 年接近歌賦街的鴨巴甸街。左方有電髮室
的是結志街。這一帶連同附近的卑利街及依利近
街,開設有多間薦人館及樓房經紀行號。

樓房經紀

當時，不少薦人館亦經營樓房買賣及租賃業務。

租賃行業最蓬勃時期是戰前的 1938-1939 年。由於內地的抗日戰事，大量移民來港尋找住屋定居，不少樓房介紹所應運而生。

當時有三個女人，認識不少大戶人家的女傭，對於何處有樓房出租，她們瞭如指掌。起初她們只作介紹人以求一些賞賜，後來索性在人家舖前或樓梯口貼上紅紙字條，作經紀收佣。1952 年，這三個"老行尊"開設一寫字樓，並在油麻地及深水埗開店，用私家車往來律師樓。委託她們者雖不成事亦要奉上 2 元"茶錢"。除佣金外，她們亦可在茶樓酒家陪客"斟盤"時大吃大喝。

不少"經紀"只需在人家門前或樓梯口外牆、騎樓柱，以至電燈柱貼上一條條紅招紙，寫上"某街某路有光猛大房，或廳房樓宇出租，水電衛生俱備"等，以作招徠。而經紀則坐在旁邊一小凳候客。這是一門不需本錢、舖租、職員薪酬、廣告費及商業登記的行業。

五十年代，亦有不少樓房租賃及買賣的經紀，他們獲得業主或買家的"盤"，便穿梭於各茶樓酒館，聯絡各買賣家，以冀賺取佣金，這便是早期的地產代理。

提到最老資格的地產代理，當推位於卑利街與結志街交界，在和平後開業，現仍經營的浩棧，它可稱為該行業的老行尊。其旁邊早期為薦人館（檔）的"裕新"。

1960 年代，有一位於堅道的良記士多，後來亦變身為該一帶街坊所熟知的地產代理。

▼ 由半山城隍街東望卅間的士丹頓街，1977 年。左方是現為元創坊的警察宿舍。這一帶及附近的依利近街以至堅道，亦有若干間代理樓房買賣的店舖或士多。

第八章

拍賣行

1 拍賣人機地士及狀師（律師）高露雲，於 1884 年在《循環日報》刊登的地段及屋宇拍賣廣告。所在為大坦地（大笪地，現荷李活道公園）對開的鋤斷山街（稍後併入荷李活道）。

2 由皇后像廣場西望遮打道，約 1905 年。左方為太子行及皇室行。右方為皇后行（現文華酒店）、聖佐治行及沃行。多家律師行、拍賣行及外資保險公司均在此開設。正中為第一代渣甸行（三層樓高者）。

拍賣，又稱為 "夜冷"，是英文 yelling 的音譯，為喊價或叫價的意思，所以拍賣行又被稱為 "夜冷行"、"喊冷行"、"投冷行" 或 "冷館"。

由開埠初期起，不少稱為 "官地" 的政府土地，是經拍賣行以標投及拍賣形式推出者。

早期知名的拍賣行，有成立於 1858 年的佐治·林勿，來譯作 "佐治·欖勿"。

1870 至 1890 年代的拍賣行有如下多間：霎（Sharp）公司、曉時（Huges）巴泵厘行（位於 "喇" 行後街[九如坊]）、益嘉的施厘化拍賣行（位於皇后大道中 48 號）、笠行（位於泄蘭街）、機地士行、堪士律師行、庵士當郎（Armstrong）拍賣行、連卡剌佛（Lane Crawford）、摩地（Mody）及候輔等多間。

大部分拍賣行均經營政府及私人土地的拍賣，但亦有拍賣房產物業、各種貨物，甚至軍火等。

1880 年，曉士巴泵厘行在油麻地拍賣北婆羅洲木材，有火船仔由中環必打碼頭免費載客前往競投。該公司不時在灣仔之貨倉拍賣各類物品。

　　1884 年，連卡刺佛公司拍賣西班牙兩隻半桅帆船。

　　1911 年，佐治・林勿公司在油麻地旺角尾（即九龍塘村對面），出投二十隻"揸奶牛乸"。當時佐治・林勿公司亦經營股份經紀業務。

　　1924 年，有一位蘇沙氏經營的"中華夜冷"，在華人行地下開設。

　　和平後迄至 1960 年代，主要的拍賣行有：

拍賣行	地址
欖勿拍賣行	畢打行地庫
梳沙（蘇沙）拍賣行	皇后大道中 5 號東方滙理銀行內
香港拍賣行	荷李活道
王子仙拍賣行	莊士敦道

　　由戰前起，有不少商販，在拍賣行競購到一大批雜物，分拆作散件零售，稱為"夜冷雜架業"。這些商人亦經營收購及出售古董舊物。這行的店舖集中於上環摩羅上街、摩羅下街、西街、荷李活道、灣仔太原街、油麻地廣東道、新填地街、深水埗南昌街及鴨寮街等地。這行業的行會為"港九古玩傢俬雜架工商總會"，會址位於摩羅上街及旺角廣東道。

　　1970 年代起，不少大型地產拍賣均是經知名的測計師行進行。

　　1980 年代起，大量古董、字畫、藝術品、郵票、錢幣及珠寶等在香港拍賣。1994 年起，當局取消拍賣牌照後，各類的拍賣更形蓬勃，不少國際知名及內地的大拍賣行紛紛在港開立辦事處。

　　由早年起香港所有樓宇買賣均要經過律師行進行。

第九章

律師行

譚雅士。▶

冼秉熹。▶

　　早期的律師行，有狄近（的近）、屈頓、士的芬士堪士等，及贊臣士篤士孖士打等多間。

　　此外還有法律上的代訴及代辯律師。

　　1870 年代，伍廷芳及何啟為首批華人，任英國司法審判官之職。1880 年，伍庭芳（秩庸），被任命為首位華人定例局（立法局）議員。而伍氏之子伍朝樞也是律師。伍朝樞亦為何啟之女婿。

　　1902 年，政府再批准何啟（沃生）大律師，續任議政局（行政會議）議員，任期六年。

　　1910 年代，另一位著名律師為何東之快婿羅文錦。

▲ 由雪廠街西望皇后大道中，約 1930
年。左方為中國銀行，右方為丫士
打酒店，最高者為華人行。多家律
師行、拍賣行及保險公司，均在這
一帶的商業大樓內開設。

　　日治時代，當局准許 14 名中國籍律師執業，處理民事訴訟，
當中包括羅文錦、羅文惠、譚雅士、簡悅強、胡百全、冼秉熹及羅
顯勝等，並於 1943 年成立一律師會，會長為羅顯勝，副會長為冼
秉熹及胡百全。

　　香港第一位女律師於 1956 年出現，為立法局議員顏成坤的女
兒顏潔齡。

　　五十年代的律師行，有的近、希士廷、冼秉熹、羅文錦、曹善
允、施文、胡百全、贊臣士篤士及孖士打等。

　　大部分律師行皆位於中區的辦公大樓內，包括：皇室行、太子
行、東亞銀行、皇后行、滙豐銀行、荷蘭行及宏興行等。

第十章

外資保險公司

早期的外資保險公司，主要為洋面（或稱 "海面"）保險，及火險（或稱 "火燭保險"）兩種。前者是保障船運意外貨物的損失，後者是因火災而導致生命財產損失而作出賠償者，不少保險公司是兩者皆保的。

1870 年代，已有不少保險公司的股票在股市買賣者，當中包括：於仁、中外、寶裕、中華、域多利亞、揚子、那千拿、鳳凰、香港火燭保險公司和渣華洋面及火燭（水火）保險公司等。

俟後還有：安泰、暉亞、怡和、諫當（Canton）及太古洋行代理的晏蘭加些火燭保險公司等。

不少保險公司名為燕梳公司（燕梳為英文 insurance 的音譯），如於仁保險公司中文全名為 "金孖素（Commercial）於仁燕梳公司"。

1897 年，宏利保險公司開始在港經營，早期的名稱為"大英宏利人壽燕梳公司"。同年在港經營的亦有一間"鳥約（New York）人壽保險公司"。

1901 年，代理皇后火燭燕梳的新沙宣洋行，招請"走燕梳人"（保險經紀）一名。

多家上述的老牌保險公司，現時仍在經營。

1 保險單封套，由太古保險公司送交予南北行米商乾泰隆，約 1930 年。

2 鳥思倫（紐西蘭）保險公司，送交永樂東街 81 號，和發成船務公司保險單的封套，約 1930 年。

3 干諾道中與畢打街交界，約 1948 年。右方為郵政總局及鐵行大廈。左方為皇帝行及於仁行。於仁、中外、中華、揚子及那千拿等多間保險公司亦設在於仁行內。（圖片由吳貴龍先生提供）

第十一章

洋商與買辦

　　早於 1881 年港府的統計中，已有"買辦"（comprador）95 人，名為"交辦者"（ship comprador）的則有 113 人。

　　所謂買辦，是指洋行、銀行、船公司、藥房、酒店及保險公司等洋商機構，在與華人交易時，作為橋樑的中介人。買辦可支取該機構的薪金，在交易中抽取佣金和獲取利潤，但需負責壞賬以及承擔交易的風險。每一洋商機構，都設有一"買辦房"。

　　迄至 1916 年，曾有一種"買辦支單"，相信是買辦開發予商人、類似內地之"銀號莊票"，或"銀行本票"的一種票據。

早期最著名的買辦是何東（曉生）爵士，他於 16 歲時任職於中國粵海關，於兩年後的 1880 年離職，就任渣甸（怡和）洋行助理買辦，後來升至總買辦。其渣甸辦房內有一"生昌裕號"，亦銷售糖、糧食和雜貨。1900 年，職位由其弟何福（澤生）接任。

當時，渣甸洋行屬下的中華糖局，亦設有買辦一職，1909 年的買辦為蔡立志。

與怡和分庭抗禮之顛地洋行的買辦為鄭觀應，該洋行於 1866 年倒閉。

▲ 攝於 1870 年代，位於皇后大道中 34 號，於 1846 年落成，供英軍及洋商享用的第一代香港會所（現娛樂行所在）。左方雲咸街旁的樓宇，曾為於 1866 年倒閉的香港第四間發鈔銀行——呵加剌銀行。

1915 年，何東任怡和系的置地公司、填海公司及天星小輪的董事。

同時其親家羅長肇（其子羅文錦乃何東之快婿）任怡和買辦。1920 年，由何福之子何世良繼任。

約 1900 年，報章上不時有洋行招請買辦的廣告。當時起的著名買辦有"唎"行（仁記洋行，Gibb Livingston & Co.）及香港電燈公司的梁仁甫、太古洋行的莫仕揚（1872 年任東華醫院主席）、莫仕揚之子莫幹生、和記洋行的龍碧泉、新沙宣洋行的何世光。

1913 年，車打（遮打）洋行及置地公司的辦房，設於皇后大道中 5 號，買辦為鄧鐘寰，1921 年由王展頌接任。

船務公司的買辦則有：德忌利士船公司的陳賡虞、九龍倉的黃麗川、鐵行輪船公司的黃屏蓀、太古洋行船務部經理胡禧堂及莫詠虞，以及太古倉華經理黃廣田。黃廣田於 1930 年代為華商總會主席。

其他行業的買辦有：鶴園青洲英坭公司、"施綿遠堂"的施霭人、於仁洋面保險公司的葉蘭泉、大酒店的陳在楸及余寶森、屈臣氏藥房的劉鑄伯（劉氏曾任天文台書記，於 1922 年逝世，其長子劉德譜於 1924 年創辦"油蔴地小輪船公司"），還有拈孖治洋行的梁基浩，他為娛樂戲院的總經理。

由利源東街東望皇后大道中，約 1890 年。左方第二、三座樓宇曾為商務印書館館址。這一帶包括昭隆街的樓房，不少被用作洋行及銀行買辦的辦公樓。

1925 年，有一由銀行及洋行買辦組成的"洋行敍理堂"及"洋行辦房聯合會"。

除怡和等大洋行外，顯赫的還有銀行買辦。約 1900 年，滙豐銀行的買辦為劉渭川及馮華川。

其他銀行買辦，有：

年份	銀行	買辦
1895 年	有利銀行	"韋敦善堂"韋玉（寶珊）
1902 年	德華銀行	容建邦
1903 年	萬國寶通（花旗）銀行	何蕚樓
1911 年	荷蘭安達銀行	陳卓庭
1916 年	華俄道勝銀行	周雁亭
1918 年	中法實業銀行	戴明德
1925 年	法國東方滙理銀行	何穎泉
	渣打銀行	容子明
	大英銀行、萬國寶通銀行及荷蘭安達銀行	蔡寶耀
	有利銀行	何世耀
	滙豐銀行	何世榮
1927 年	滙豐銀行	何世儉

後來，滙豐銀行買辦的職位名稱改為"華人經理"。1953 年，華人經理唐宗寶逝世，而其後的華人經理李純華於 1960 年代中退休，由何世榮的兒子何鴻邦接任。華人經理一職隨着何氏於數年後逝世而取消。

當時的"買辦房"位於皇后大道中接近渣打銀行的部分。

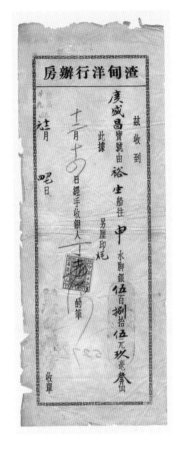

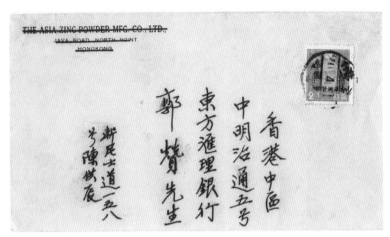

▲ 日治時代，一封寄往中明治通（皇后大道中）東方滙理銀行予郭贊的信件，1945年。（由何其銳先生提供）

◀ 由渣甸（怡和）洋行辦房（買辦房），發出往申（上海）水腳銀（船運費）的收據，1940年。

▲ 法國東方滙理銀行買辦郭贊。

▲ 滙豐銀行買辦何世榮。

▲ 太古洋行買辦莫幹生。

第十一章

遠洋與
內河運輸

　　1841 年香港開埠時，已有不少往來本港與澳門及內地間的港澳渡輪及內河船。1848 年，省港汽船公司成立，到了 1867 年，再成立一間省港澳汽船公司。當時的船隻大部分為三桅帆船。

　　1845 年，鐵行輪船公司（又稱大英輪船公司），開始經辦歐洲至香港間的郵輪航線。

　　1857 年，每天泊於香港港口的外國船隻，有一百二十多艘，以鐵行的為最多。

　　1874 年，有船隻來往香港的船公司計有：鐵行、渣甸（怡和）、輪船招商局、太古、德忌利士、美國輪船、禪臣洋行、瓊記洋行、旗昌洋行、法國輪船、太平洋行、"唎" 行（仁

記洋行)、於仁行、日本三菱及科古洋行等。

同年,鐵行輪船公司着手在皇后大道西近修打蘭街之間建倉儲煤,以備輪船之需。

當時,乘搭遠洋輪船或付運貨物,須"寫票"預定船位,所寫之"票",名為"寫船紙",無寫船紙者不能登船。因此,有專營寫票預定船位之"寫船館",及"寫船人"或"寫儎人"(ship charterers)。大規模的寫船館更擁有船隻。

1 正進入香港海面的三桅遠洋帆船 Sumatra 號。香港璸綸影相寓攝。約 1868 年。

2 省港澳輪船公司的汽船南寧號的尾車(動力明輪設於船尾),約 1880 年。

3 孖車(兩座明輪設於中部)的遠洋汽船 Clencyle 號,約 1900 年。

1881 年，已有寫船館多間，部分
"寫船館交辦者"（ship compardores）
為太古洋行船位之代理人。太古屬下
之藍煙囪火船亦有往來上海、廈門、
福州及南洋各埠。

1884 年，鐵行輪船公司的辦公大
樓位於海旁中（德輔道中）44 號，所在
為德輔道中與租庇利街交界，其宏偉
的"行"（building）有大量引人注目的
"鐵"欄桿而名為"鐵行"，該處有一條
"鐵行里"。

1900 年起，來往本港與外埠的輪
船的公司有：日本郵船、大阪商船、
花旗輪船、天祥洋行、渣華輪船、東
洋汽船、普濟輪航及昌興輪船公司等。

來往省港澳的渡輪則有：新昌、
廣州、廣東、佛山、漢口、永濟，以
及法國省港郵船公司的內河船。

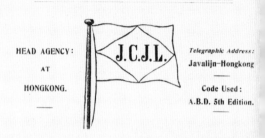

3

1　1901年，刊登於《華字日報》的創
　　設省港輪船公司招股通告。

2　渣華（爪哇）中國日本荷蘭輪船公司
　　的廣告，1906年。

3　干諾道中與禧利街間的兩榮內河船
　　碼頭，約1905年，這一帶有包括省
　　港澳、永安、厚德等多座內河船碼
　　頭，因此亦有數十間配套的酒店、
　　旅館和客棧。

▲ 灣仔海旁東（現莊士敦道）旁泊
於碼頭的兩艘內河船，約 1920
年。所在約為現時的盧押道。

十九世紀時，已有"帶水人"（領港員）的職業。
1902 年，當局規定領港員須領有執照，方可執業。

二十世紀初，有包括"新和合館"等的多間商
號，專包攬（承辦）船上起落貨及咕喱（搬運工人）
的生意。

當時，亦有多間供海員寄居的行船館，開設於
中上環及西營盤的唐樓。

十九世紀的主要碼頭為畢打碼頭。1890 年代中
西區大規模填海完成後，多座新碼頭在干諾道落成，
包括天星碼頭、卜公碼頭、德忌利士碼頭、省港澳
碼頭，以及永樂街的三角碼頭等。到了 1930 年代共
有三十多座碼頭。

九龍的主要碼頭為設於九龍倉，及位於油麻地及深水埗的多座。

1922 年 1 月 12 日，"中華海員工會聯合會"（海員工會）。要求加薪不遂，全體罷工，以致所有輪船不能開行。警方曾搜查海員工會及各行船館。兩個月後的 3 月 5 日，罷工才告結束。

1925 年 6 月 20 日，為抗議上海英警槍殺集會羣眾，本港海員發動總罷工，要到一年多後局面才告緩和。

▼ 維港內的大小客貨輪及船艇，約 1925 年。前方為西營盤醫院道的國家（政府）醫院。

◀ 約 1925 年的干諾道中，正中為興建中的消防局大廈（現恒生銀行），這一帶有多座包括大洋船、內河船及港內線渡輪碼頭。

1923 年至 1926 年間，大量內河輪船遭海盜劫掠。

1932 年，九龍倉將一號橋改築為一所可泊大型郵船的碼頭。

1937 年，太古輪船公司有多艘輪船往來上海、青島及威海衛等地。

1939 年，港澳渡輪有：泰山、金山、東安及西安等十多艘。

1942 年 1 月淪陷初期，往澳門及內地的渡輪復航，所有輪船被改為"丸"的日化名稱，如嶺南丸、白銀丸等。

1943 年，往上海等較遠的航線停止。後來，不少渡海小輪以至帆船被用作內河船，最後因燃料缺乏而縮減班次，以至停航。

和平後，各省港澳渡輪復航，稍後增加了新船利航、德星及佛山。

約 1925 年的天星（左）及政府公眾碼頭（現天星碼頭西翼所在），碼頭前有多輛巴士。右方為九龍倉（現海港城）的入口，其一號橋（碼頭）正碇泊一艘皇后號巨型郵輪。

◀ 位於干諾道中禧利旁的同安碼頭，
以及省港澳輪船東安號，其他輪船
如西安、新南海等亦在此碰泊，約
1927 年。

1945 年 10 月 剛
和平後。可見靠近
大洋船旁的金梳
（Come Shore）妹
艇娘，用竹枝繫一
網袋向船上的外籍
人士討小費。

▲ 1937 年 9 月 2 日，猛烈颶風襲港
後的干諾道的中華商總會前。可見
泊於聯昌碼頭尾部被吹沉的大洋
船安利號。左上方為大阪碼頭，
1945 年和平後變為又被稱"敵產
碼頭"的港澳碼頭。

1950 年，當局限制內地居民來港，不少省港及內河船改作港澳渡輪，紛紛減價競爭，後來實行聯營以息紛爭。

到了 1952 年 3 月，競爭再起，所有渡輪大艙票價皆減至 1 元，且有加送叉燒飯者。經過多次反覆競爭後才恢復聯營。1955 年起，港澳輪渡只餘德星、大來及佛山三艘。到了 1960 年代中，才增加包括澳門號等的數艘。

1950 年，遠洋輪船公司計有：太古、渣甸、鐵行、昌興、銀行（Bank Line）、德忌利士、渣華、洛士利、總統、美國、法國、寶隆、捷成、多利順、天祥、招商局、華林、和發成、順昌及乾泰隆等多家。

1961 年 6 月 1 日，港澳碼頭由機利文街對開，原 "敵產碼頭"（大阪碼頭），遷往上環林士街新填地的新碼頭。

1964 年，水翼船正式開航，第一艘為 "路環號"。之後，多艘水翼船、飛翼船及飛翔船來往港澳。約一小時的水翼船航程，相對於 "大船"（港澳渡輪）的四至五個鐘頭航程大為縮短，極受歡迎。

1979 年，香港與內地海上客運交通恢復，各類船隻大量穿梭往來香港與大陸之間。早期的中港碼頭附設於櫻桃街港內小輪的大角咀碼頭。1990 年代遷往尖沙咀廣東道的中港城。

1982 年，開始在上環新填地興建新港澳碼頭，並在其上興建包括信德中心及維多利亞酒店等兩座大廈，於 1985 年落成。

1　上環街市（西港城）前的干諾道中，約 1953 年。左方及中部為兩座港澳渡輪碼頭，分別碰泊明星及佛山客輪。

2　上環林士街與干諾道中之間的新填地，約 1963 年。可見泊於新碼頭的港澳渡輪佛山號。左方為交通部，右方為第二座汽車小輪碼頭。

第十二章

貨倉與船塢

東區知名的貨倉是於開埠時 1841 年起並陸續落成，位於銅鑼灣東角的渣甸（怡和）貨倉羣。1843 年，香港製造第一艘輪船 —— 80 噸的 Celestial 號，亦在該處下水。同時，渣甸又在此設立若干座糖廠。1878 年，在該處亦成立了一間 "中華糖局"。

1863 年，黃埔船塢註冊創辦。同年，怡和收購位於紅磡的谷巴樂臣（Couper & Lockson Docks）船塢。1865 年，再收購位於香港仔的林蒙柯柏船塢（Lamon & Hope Docks）。黃埔船塢於 1866 年正式成立，於 1870 年兼併紅磡的聯合船塢（Union Dock），後於 1880 年兼併大角咀的四海船塢（Cosmopolitan Dock）。

落成於 1888 年，位於堅道 16 號的第二代天主教總堂，鐘塔上之四百多斤重大鐘，乃黃埔船塢鑄造者。該大鐘於淪陷時為日軍掠走，鐘塔後於 1947 年被拆卸。

▲ 約 1900 年的西營盤。左前方為些
那堪（Sailors Home），其前方為招
商局貨倉及碼頭。中前方可見一碇
泊於正街前渣甸橋的大洋船。正街
左方為九龍倉。

◀ 西營盤干諾道西，約 1900 年。右方
可見西邊街聖彼得教堂的尖塔，於
1955 年，教堂連同些那堪改建成七
號警署。五座相連金字塔屋頂的是
九龍倉，於 1980 年代中改建成住
宅高樂花園。這一帶水面現時為西
區海底隧道的出入口。

1870 年代起，不少貨倉設於灣仔皇后大道東及海旁東（即莊士敦道和軒尼詩道），最大規模的，是落成於 1871 年的"香港碼頭貨倉公司"，位於海旁東與機利臣街之間者。

1880 年代位於灣仔的貨倉有：霎公司、旗昌洋行、曉士公司、和興公司、禪臣洋行等的貨倉，以及位於巴路士街旁的曾富煤倉等。

灣仔海旁亦有均益貨倉，及約落成於 1913 年的省港澳輪船公司貨倉。

1874 年，有華商郭松製造可行駛往各埠之鞏固快捷火船。當時西區就有一條以他命名的郭松里。

同年，於尖沙咀麥當奴道（廣東道）建有一座海軍煤倉，附近有一座竹製碼頭。1880 年，這一帶地段由港督軒尼詩，以五萬多元批予遮打爵士（Sir Catchick Paul Chater）。1884 年，他與怡和洋行合作興建"香港九龍碼頭貨倉"（九龍倉）的建築羣，於 1886 年落成。

1870 年代中，一座山市（Sands）船廠，在堅尼地城落成。

1884 年，怡和洋行在西營盤近正街的海旁，興建一名為"渣甸橋"的碼頭，又在後端建一"渣甸碼頭貨倉"，後來又名為"九龍倉"，稍後又在山市街增建一座"九龍倉"。同時，石塘咀屈地街煤氣廠旁，亦建有船塢、煤倉及貨倉。

1895 年，一座"輪船招商局"貨倉，座落於西營盤水手館（現七號警署所在）前的干諾道西 163-164 號。其東西兩旁，於 1900 年起建成數座均益貨倉（現均益大廈所在）。均益倉及九龍倉，當時皆為政府指定儲存食米的"公倉"。這一帶亦有一座南北行米商乾泰隆的貨倉。太古洋行亦有多座貨倉位於西環及灣仔。

◀ 1885 年，刊載於《循環日報》的渣甸貨倉碼頭公司的告白。此位於西營盤干諾道西與正街交界的貨倉，後來變為九龍倉，碼頭則名為渣甸橋。

▲ 干諾道西與西邊街交界的均益貨倉，約 1912 年。均益倉及其東鄰的九龍倉均為儲藏白米的公倉。

▼ 約 1935 年的紅磡黃埔船塢，背後為大環山。

1901 年，位於鰂魚涌角的太古船塢開始興建，但進展緩慢，曾打算改於尖沙咀興建，但終於在鰂魚涌建成。此遠東最大之船塢，於 1907 年 6 月 22 日舉行落成典禮。

1908 年，太古洋行位於尖沙咀的藍煙囪貨倉及碼頭落成。該地段於 1970 年代改建為新世界中心。

1909 年，為與太古競爭，黃埔船塢實行減價。當時，黃埔船塢亦有製造火車頭、路軌及橋樑等部件。

二十世紀初的中小型船廠，有灣仔海旁東，茂羅街附近的敬記船廠及共和電船廠；土瓜灣的庇利船廠；深水埗西角（現桂林街與醫局街一帶）的順興隆船排廠等。1908 年，法國工部局在灣仔同泰祥機器廠訂製鋼質輪船一艘。

到了 1920 年代，灣仔進行大規模填海，多座船廠、碼頭以至貨倉亦遷移或結束營業，部分船廠包括敬記船廠等，則遷往天后及北角七姊妹區。

1930 年代後期，有設於荃灣的德士古貨倉及碼頭。

1941 年 12 月的對日攻防戰期間，英軍將多座船塢及油庫炸毀。淪陷期間，日軍將其維修後恢復使用。同時佔據各大小船塢及船廠，易名為造船所。太古船塢先後易名為三井船廠及香港造船所，黃埔船塢則易名為九龍造船所。

日治期間，所有"敵性商人"的貨倉被接管及封存，貨物遭沒收。華資商人的貨物亦被封存，曾作象徵式的攤還，其餘亦全被沒收。

和平後，有超過 100 座船廠設於筲箕灣、天后、香港仔、油麻地、旺角、大角咀、深水埗、長沙灣、紅磡的海旁以至長洲一帶。

GODOWN WARRANT № 2780

The Hongkong & Kowloon Wharf & Godown Co., Ltd.

Godown 23 upper Ex Pres. Cleveland Storage from 13th June, 194
Name Messrs. Kung Sheung Chemical Industries Co
Held to the order of ——ditto—— 36-38 Tung Man St.

Bank's release received

Lot	Marks and Numbers	Packages	Contents Sold to be	Storage per month	Coolie hire Storing
J33397	⊥/028⌐ at. 1/1120.	78 Dutch bags Lithopone		3¢ Bag	2¢ Bag Stamp 20¢

Seventy eight bags only
18 bags broken.
Not responsible for contents escaping

Please see that the seal of the Hongkong
and Kowloon Wharf and Godown Co., Ltd.,
is embossed hereon. Warrants without
such seal are not genuine.

Entered
Examined
For the Secretary.
16/6/41

一張由九龍倉發出的貯貨單，貯貨者為同文街
的共商工業原料公司，日期為 1941 年 6 月。

甲倉
均益貨倉有限公司

GODOWN WARRANT
CHINA PROVIDENT LOAN & MORTGAGE CO., LTD.

Lot No. 2985.40 Bonded No. Hong Kong 5TH APRIL 1940.
Received on Storage from MESSRS. KUNG SHEUNG CO.——
and held to order of THEMSELVES ——
Bank's Release Received
Ex S.S. "——————" Stored in Godown No. 15 OPEN.

Marks	No. of Packages	Contents said to be	Storage per month		Coolie Hire Storing
			Rate	Per	
	80 DRS. SOAP MATERIAL.		10¢	DRUM	---
		STAMP.			20¢

Say EIGHTY ONLY.——————Packages　Storage payable from 3.4.40.

Exceptions: ALL SECOND HAND DRUMS.——————

正高文英以滿鐘有如
For & on behalf
CHINA PRO

Entered

均益貨倉的倉單，1940 年。

◀ 約 1952 年 的 尖 沙咀。前方為九廣鐵路總站。左中部為九龍倉及前方五座稱為橋的碼頭。最前的一號橋及其右方的倉庫，於 1966 年起改建為海運大廈及星光行。（圖片由吳貴龍先生提供）

1948 年，政府收回部分長沙灣船廠地段，改作商業用途，不少船廠改在茶果嶺及鯉魚門重建，其餘的船廠於 1970 年代後期起亦陸續遷走。當局在長沙灣一帶填海以興建屋邨及三號幹線等。

1949 年，均益貨倉的附屬，設有碼頭的聯益貨倉於北角和富道落成。當時亦有不少貨倉及凍房設於西環、石塘咀、北角及旺角一帶。

1951 年，因填海闢建維多利亞公園，位於興發街的敬記船廠需遷移。

1953 年，九龍倉共有五座稱為"橋"的碼頭，最長的為 800 呎的一號碼頭。該碼頭於 1966 年被改建成海運大廈。

1950 年代中，多座位於西營盤至石塘咀的貨倉被改建為商住樓宇。迄至 1970 年代，該一帶貨倉區內包括干諾道西、西邊街、東邊街等街道，皆設有街閘，晚間當街閘關閉後，該區充滿一片肅殺氣氛。

1960 年，太古及黃埔兩船塢，總共修理及製造的船隻共 458 艘，噸位共 170 萬噸。兩者於 1973 年合併為香港聯合船塢，船塢業務遷往青衣。

早於 1950 年代後期開始，黃埔船塢陸續被發展為黃埔唐樓、黃埔新邨及紅磡灣中心，以至 1980 年代的黃埔花園等住宅。香港仔的黃埔船塢則於 1970 年代中發展為香港仔中心。

▲ 約 1952 年的尖沙咀。前方右邊為九
龍倉，左邊為新利貨倉及德成瑞興貨
倉。貨倉羣背後為威菲路兵房（現九
龍公園）。上端可見紅磡黃埔船塢。
（圖片由吳貴龍先生提供）

▲ 約 1950 年的筲箕灣。中右方為由太
安街起的太古船塢及宿舍。

　　1973 年，當局拆遷牛頭角觀塘道對出的小型廠房及船廠區，以發展為九龍灣工業區，並興建地鐵車廠及屋邨德福花園。

　　太古船塢亦於 1970 年代中起發展為龐大的商住區太古城。其鄰近的糖廠及漆廠地段亦發展為"太古坊"。

　　尖沙咀九龍倉地段於 1960 年代中起改建為星光行、香港酒店、海運戲院、海洋中心等海港城的建築羣。西營盤的九龍倉亦於 1983 年改建為住宅高樂花園。

　　北角的聯益貨倉於 1980 年改建為屋邨和富中心。

▼ 1966 年落成後不久的海運大廈，碼頭正碇泊着羅斯福總統輪。

下篇　前言

　　1870 年代，已有數以十計的"華人金銀號"專營金銀條或首飾，亦有經營銀行或金融的"華人銀號商"。此外，還有約 100 間金銀找換店。上述行號的要員，為"教習及分辨金銀成色，以及銀圓真偽"的專家。

　　金銀條及首飾號的供應商，以及金銀廢料回收行業，由戰前起迄至 1990 年代均有長足的發展。

　　香港的首間銀行（亦為發鈔銀行）於 1845 年成立後，多間銀行陸續在港成立。到了 1866 年，共有六間銀行發鈔。十九世紀後期，其中的滙豐銀行為規模最大者。同時，大量中外銀行或分行陸續在港開設。港商銀行則有廣東、華商及東亞等。恒生、永隆等多間華人銀號，亦於 1950 年代後期轉為大銀行。

　　1980 年代，多家中資及國際性大銀行在港設立分行。1994 年，中國銀行發行港鈔，成為香港史上第八間發鈔銀行。

　　當銀行仍為"岸涯自高"的時期，市民遇到急需周轉，多將金銀首飾以至衣物等往押店（當舖）典當，以獲取現金。因利息高昂，獲利豐厚，大量押店在一段長時間內於各區開設。戰前的押業大王為李右泉，俟後則為"德"字系的連鎖押店。隨着押店應運而生的，是出售過期未贖而"斷當"首飾衣物的"故衣舖"。全盛時期港九各有數十間，近年來則因市民消費習慣改變而趨於式微。

　　首批政府官地共 33 幅，於 1841 年經拍賣售出以來，各方對土地的需求與日俱增，即使經歷百多年來夷山填海造地，仍遠遠不能滿足需要，導致地產及樓房價格不斷上漲。置業安居則為市民的畢生夢想。

　　政府於 1953 年准許以"分層契"方式售樓，再於 1956 年將樓宇高度限制放寬，因"入場門檻"降低，以及大量高樓大廈落成，業主的數目隨即大增。同時，大量由舊式樓宇改建而成的新型商業大廈陸續落成，促進香港成為金融及貿易中心。

1960 至 1990 年代，地產價格曾數度受到政治及經濟問題影響而下跌，但問題解決後往往能止跌回升。

股票交易於 1860 年代開始，"交易所"位於皇后大道中與畢打街之間的街頭。早期的熱門股有船塢、航運和保險公司，以及現時仍然熱門的滙豐銀行、中華煤氣和香港大酒店等。

正式的交易所"香港股份總會"於 1891 年成立，1921 年曾增加了七間，其中六間陸續結束。到了 1924 年，只增多一間華人為主的"香港股份經紀會"。戰後的 1947 年，兩者合併為"香港證券交易所"。1969 年起，再有三間新交易所成立，同時股票投資亦趨向平民化。到了 1986 年，四間交易所合併為"香港聯合交易所"。

十九世紀中期，香港有約 20 間出售洋槍及火炮的店舖，一間稍後開設於砵典乍街的"香港槍店"，一直經營至千禧年代初期。

迄至二十世紀初，包括裁判署等政府機關，以及辦公樓宇和店舖，皆裝設懸於天花的布幕，由人手拉動以生涼風，衍生一種不時需招聘人手的"扯風扇"之職業，現時想來確屬不可思議。

同時，有不少精於考察風水地理及占卜的相士，在旅店或街頭擺檔會客，不少亦兼營代寫書信的"大眾秘書"業務。

此外，還有很多個體戶在路邊"創業"經營生意，如補衣、熨衫、美髮美容，以至磨剪刀鏟刀等。亦有攜帶或擔挑疋頭、鹹魚、雞鴨，以至點心食品向半山區住戶兜售的流動販商。但最普遍的一行是在街上，以及穿梭於茶樓酒家出售馬票者，尤以馬票女郎最受歡迎。

最具神秘感的行業，是興起於和平後的私家偵探，從業員不少曾任職於軍部或警方的情報部門，其任務是跟蹤、明查暗訪，以解決婚姻、人事以及商業等糾紛，是七十二行以外的一門新興行業。

第十四章

金銀業

根據政府於 1881 年的統計，華人所經營的金融行業，主要分為以下三類：

1. 金銀號（買賣金條銀條者）34 間；
2. 華人銀號商（其中有經營銀行者）55 人；
3. 錢銀找換店 111 間。

除上述者外，還有"教習銀師"（Teachers of Shroffs，教授認識各國銀幣及分辨真偽者）14 人，"銀元收銀人"（Chinese Shroffs Dealing in Money）共 208 人。"Shroff"亦稱為"掌櫃"。

上述統計中，未有列入"金銀首飾舖"，但卻列出"捶打金葉者"有 60 人。迄至 1950 年代，一般金銀號亦有經營金葉買賣。軟身及薄如蟬翼的金葉，易於貼身收藏攜帶，亦方便零碎拆售，尤其受印支及東南亞一帶人士的歡迎。捶金葉工場多設於上環太平山街及普仁街一帶。直到 1894 年，《香港雜記》一書中才登載有首飾舖十六、七家。

◀ 位於永樂東街 52 號的昌盛金舖，
約 2000 年。自 1870 年代開業以
來，該金舖一直在此營業。

1870 年代，金銀號又名為金銀店、金舖、金號、金店以及
銀號等，集中於上環的文咸東街、永樂坊（街），及皇后大道中一
帶。著名的金銀號有永樂坊的昌盛；文咸東街的乾發、利亨、德
安、祥盛、永盛隆及麗興；皇后大道中的長源及和昌興記等。

位於永樂坊 52 號，由余氏家族經營的昌盛金舖，於 1878 年
農曆八月廿八日晚上遭百餘名盜賊械劫，案件當時成為了大新聞。
該 52 號地舖一直維持經營至二十一世紀初，直至改建為新廈為
止。兩者為聯號的永盛隆及麗興金舖，亦一直經營至 1990 年代。

位於永樂街的恆和銀號及文咸街的全福銀店，是有接受存款
的"華人銀號商"（即銀行）者。到了 1894 年，這類銀號有三十多間。

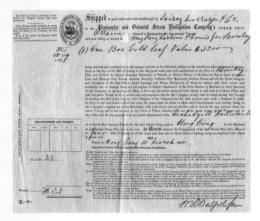

▲ 1865 年，一張由鐵行汽船公司
發出之提貨單，內容為一箱由香
港運往印度孟買，價值為港幣
3,200 元的金葉。

103

錢銀找換店中，有位於永勝街的大德、威靈頓街的悅來。其中悅來兼營教習市民認識各國銀幣以及分辨銀錠的成色及真偽。

　　至於早期的金銀首飾舖，多集中於皇后大道中及皇后大道西，當中有寶昌、利昇及於1880 年開業的南盛等。

　　二十世紀的著名金銀號亦稱為"金舖行"，除金銀條外，亦經營金葉銷往外埠。當中一間為位於皇后大道中 6 號，由馮民德經營的馮登記。稍後，馮氏在德輔道中 53 號開設信行

▲ 皇后大道中與威靈頓街交界，約 1920 年。正中為位於皇后大道
　中 178 號的天生金銀首飾舖，其右方為 184 號的南盛老金舖。

金銀公司，用西式冶煉技術提煉足金金條及金葉出售。同樣規模的金舖，還有文咸東街的誠信及源通利等。1924 年，信行、源通利連同老牌的永盛隆及麗興金舖，為足金金條、金葉、金幣及白銀和各種銀幣的報價行。

由 1900 年起可營銀行業務的"華人銀號商"（即銀號）有：瑞吉、肇昌、鴻裕、蚨豐、瑞泰、春記，以及由馮平山經營，位於文咸西街的亦安、東亞銀行簡氏創辦人經營之德信，以及鄧志昂經營的鄧天福等。

1920 年代的知名銀號，有皇后大道中的騰記、昌記、大生、同利、信記、嘉隆、永生，及位於文咸街的道亨等。部分如騰記及信記等亦為知名的找換店。

根據 1927 年的統計，本港有銀號及找換店 200 多間。當年，各外商銀行買辦，要求各銀號及找換店凡賣外國紙幣予外商銀行，要在幣面蓋一小章以作真偽的保證。這一不合理要求引起反彈，各銀號找換商聯合致函滙豐及渣打的買辦，要求取消此做法。當收受大額如 100 元、500 元的鈔票時，市民會多花一元數角往找換店把大面額鈔票換為小面額鈔票，以鑑別其真偽。

1930 年代著名的銀號有：永樂街 70 號的恒生、文咸街的永隆及德輔道中的發昌等。此外，還有廣安、大生、永亨、卓記及財記等。該行業的公會為成立於 1932 年的"銀業聯安公會"，主管人為鄧天福銀號的鄧肇堅和潘曉初。不少上述的銀號均領有銀行牌照（Bank 牌），它們由 1960 年起陸續轉型為銀行。

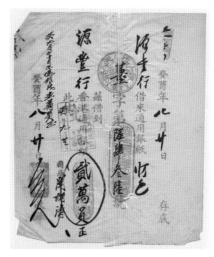

▲ 一張由鄧天福銀號發出之借據，1933 年。

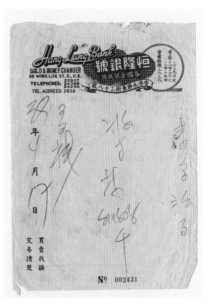

▲ 恒隆銀號（Bank）1939 年的交易發票。該銀號於 1960 年代變身為恒隆銀行。

位於德輔道中 248 號，定名於 1918 年的 "金銀業貿易場"，前身為成立於 1910 年的 "金銀業行"。1927 年遷往孖沙街的現址，曾經歷兩次重建。1932 年，有行員（會員）240 多家，不少為金號、銀號及銀行。在內進行買賣的行員或出市代表，需佩戴該場所發出之銅戒指作為入場憑證。

道亨銀號的董仲偉、恒生的何善衡、永隆的伍宜孫，以及發昌的鍾達清等，皆為金銀業貿易場的管理階層。

由 1870 年代起，有若干間名為 "兌局" 或 "批局" 的店號，代匯銀兩及辦理快信、寄運衣物往內地等服務。其服務網絡主要為內地與東南亞之間，此業務被稱為 "僑批"。不少銀號，包括陳明泰銀號及南北行商聲利棧等，亦經營此項業務。1948 年，有一間知名的 "陳萬成批局"。這類直達內地各省市的批局服務，一直經營至 1960 年代初。

1939 年，為了維持戰時金融穩定，港府實施外匯統制法令，舉行全港各銀號登記，商號必須領有找換牌照才可兌換外幣。

淪陷時期，只餘部分華商銀行及銀號繼續經營。金銀業貿易場於 1942 年 7 月底被日軍當局勒令停業。銀號亦於 1943 年中被全面禁止，永隆銀號改為經營燒臘店。

可是部分金舖、珠寶金飾行仍繼續經營黃金珠寶等買賣，因很多市民不願持有軍票，將之用作購買實物以保值。當時有大量珠寶行在中上環一帶開設。

▲ 伍宜孫。

1935 年 5 月，慶祝英皇喬治五世（King George V）登位銀禧時，由急庇利街東望文咸東街。左邊有大隆、啟豐銀號，以及位於 85 號的誠信金舖。右邊有位於 42 號的麗興金舖，及位於 52 號的金銀業貿易場的臨時場址，當時孖沙街的場址正在重建。　▶

和平後，所有金銀號皆恢復營業，亦有包括寶生、僑聯、昭泰及連豐等新銀號開業。根據 1948 年的統計，有華人銀號 120 間，領有銀行牌（Bank牌）的找換店約 100 間。不少找換店為位於大馬路與橫街交界的靠牆檔位經營者。此外，亦有多間為金銀業貿易場行員經營金銀條業務的金舖或金號開業，當中包括利昌、景福等。這些金號是供應黃白鈀金及銀條等貴金屬原料，分銷予港九金飾店及珠寶金行者。

五、六十年代，有若干位經紀遊走於各金舖銀號之間，作互通有無的"中間剝削"或稱為"捉銀虱"的中介貿易，即從不同舖號商品之高低價差，作低價買入，高價沽出的套戥獲利。他們亦印刷金銀外匯行情提供予各店號，並供應漿糊、墨汁等文具。最著名的是"合眾金記"的黃姓經紀。有幾位經紀後來自設金銀號或找換店。

金銀業貿易場於戰後發展蓬勃，不少華資銀行及銀號皆為其行員。行員中有二、三十間為"金條集團成員"，有資格鑄造該場認可之金條，供市場流通。於和平後起，該等金條的成色為 94.5%，至約 1970 年為 99%。

1971 年，附屬於金銀業貿易場的"金銀證券交易所"開業。

▼ 1950 年，廣安、恒生及昭泰銀號的廣告。三家銀號均為 Bank，前兩者於 1960 年轉為銀行，位於金城酒家樓下的昭泰，則於 1960 年代中結業。

　　鑒驗該等金條成色標準，是由金銀業貿易場的一位專家用試金石進行，若該專家休息，則交予三家金條集團成員的專家鑒驗，並用投黑白珠的方式決定合格與否。

　　不少金條集團成員金號的黃金，於 1950 至 1980 年代，行銷往台灣、越南及東南亞各埠。

　　70 至 90 年代，金銀業貿易場內最具影響力的行員，是被稱為"阿爺"的寶生銀行，該行於 2001 年被併入中國銀行（香港）。

　　在交易淡靜及中午休息時段，各金號的"市面仔"（出市員），喜在金銀業貿易場的交易大堂踢毽子，該場亦不時舉辦足毽比賽。該場亦有一位於西環的游泳場，而在金銀行業的僱員中有不少游泳及冬泳健兒。

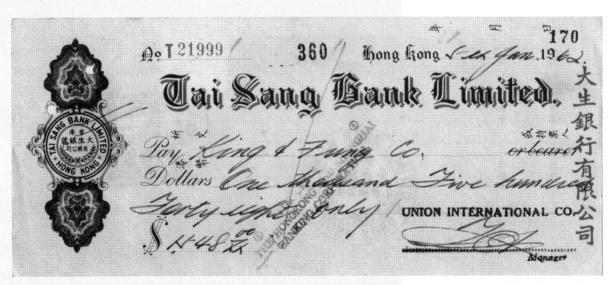

▲ 1962 年大生銀號的支票，亦加印上銀行的字樣，頗為特別。

至於早期已有的金銀首飾舖，於淪陷時期大量開設，和平後的發展更加迅速。大量金舖、金飾舖、金行、珠寶行、玉器行、珠寶金行以至銀器店等，紛紛在中上環、西營盤、香港仔、灣仔、筲箕灣、油麻地、旺角以至離島的長洲等地區開設。

最密集的是由利源西街至正街的一段皇后大道，以及油麻地至旺角的一段上海街。當時著名的金飾及珠寶行有：永生、美時、雙喜月、周大福、周生生、南盛、大來、珠記，以及九龍的新新、長興、華生、和盛、兄弟及中興等。

由十九世紀至和平後的 1960 年代，普羅市民，尤其是水上人，不容易與銀行打交道。他們喜歡往金飾店"找"金器、金飾，用作保值之外，亦可裝飾炫耀，急需現金時則可變賣套現。

該年代女士往金飾店購買耳環時，店方亦會提供免費的"穿耳"服務。

為獲得顧客信任，大部分金號、銀號以至金銀首飾店的掌櫃先生，多為老成持重的長者。1960 年代初，目睹一位最年輕者，為皇后大道中 188 號大盛金舖的櫃員譚炳文，他後來成為影視紅星。

由戰前迄至 1960 年代，不少金舖（如景福等）以及老牌金飾店，多於舖面放置一玻璃瓶的跌打丸及跌打酒，贈送予坊眾以作療傷之需，這是老一輩商人的美德。

1960 年代起，很多珠寶金行在新開發區，如柴灣、黃大仙、觀塘及荃灣等地開設。稍後各大型珠寶行亦紛紛進駐。

由永樂街原三角碼頭地段西望德輔道西。前中部貨車旁為呂明才先生創辦，位於 12 號的呂興合長記銀莊，西鄰為 14 號的陳明泰銀號。榮昌泰酒莊的右鄰有一呂明豐金舖。攝於 1985 年。（圖片由陳創楚先生提供）

朱義盛

　　所謂"朱義盛"，是一位姓朱，名義盛的清朝官員始創的一種鏤金銅首飾，是幾可亂真者。

　　由十九世紀起，有若干專售"朱義盛"首飾的店舖，位於上環及油麻地區。不少金飾店亦有兼售"朱義盛"者。

　　而香港最後一間位於眾坊街的"朱義盛"店"老實公司"，於 2010 年結業。

銀器店

1860 年代，香港已有專售銀器、銀飾，以及早期流行的銀獎杯的店舖。較著名者是始於 1860 年代位於皇后大道中約 60 號的華隆，以及 1885 年開業的惠記。該店現仍在太子行營業。

大百貨公司如永安、大新及連卡剌佛等亦設有銀器部，製作各類銀器、銀飾。

早期的銀器工匠來自上海及廣州等地。銀器工場則集中於中上環的荷李活道、士丹頓街一帶。尤其是依利近街 3 號，一幢曾為何啟爵士居所的唐樓，地舖全為銀器工場，樓上為多名銀器巧匠的住宅。

銀器店除老牌的惠記外，還有皇后大道中的德興、萬興；城隍廟的廖葉記；"二奶巷"（安和里）的蕭坤記及永隆；以及"百步梯"（歌賦街）的莫金記及蘇福記等。九龍亦有多間位於上海街的銀器店。

時至今日，因老師傅紛紛退休及謝世而又無新人入行，以致銀器師傅"買少見少"。在執筆時，技術高超者只餘一位已七十多歲，被稱為"添哥"的葉師傅，他偶爾才"徇要求"而一展其高超手藝。其戳有 "Made in Hong Kong" 的精湛傑作，立即成為珍同拱璧的藝術品。

◀ 由二奶巷（安和里）西望皇后大道中，約 1935 年。由左起有
   包括天寶華、天茂、華珍、天福及大興等多間金飾舖。正中
   可見位於 213 號中醫及書法家區建公的布招。（圖片由許日
   彤先生提供）

地砂與廢料回收

1937 年，首飾製作行業的勞資雙方，曾因"地砂"問題，多次要求華民政務司調停。

所謂"地砂"，是指於工場或金舖內，於製造、熔鑄或打磨貴金屬首飾時，飛濺、散發或殘留於熔鑄廢瓦器皿內的粉末或碎屑。長久以來，有不少"地砂佬"（以湖南籍人士為多），出資往各工場及金舖（以至工場區一帶的去水溝）清理、打掃及收集灰塵、污泥、垃圾及廢瓦器皿等，並用"淘砂見金"的方式，提取黃、白（鉑）金、鈀金和白銀等，以獲利潤。

這些"地砂佬"亦會往各大醫院、攝影沖曬店，承投或購買菲林底片及稱為"廢水"的顯影及定影液，將內藏的白銀回收。若干地砂回收商人後來成為冶金企業家。

工場或金舖的資方，往往將"地砂"出售所得，作為"年賞"或"花紅"分贈予員工，以提升士氣。1937 年需華民政務司調停的勞資爭拗，可能是源於勞方認為分贈不公而引起。

此外，亦有若干收購舊爛首飾或廢料的店舖，被稱為"落爐舖"，集中於上環"竹樹坡"（弓絃巷），及油麻地廟街與吳松街一帶。

"落爐舖"的師傅們會用"試金石"（一種紋理細滑的"雲南黑石"），配合由低至高不同成色（如 72%、74%、80%、98%、99% 等）的"牌"（樣辦），互劃於石上以作比拼而得出成色的結論。長久以來，金銀業貿易場亦用此方法，來鑒證其金條集團成員所鑄造 94.5%及 99% 成色金條的標準。

不少"落爐舖"於舖尾自設冶煉工場以提煉純金或純銀出售，亦會兼售打金器材，被形容為"禾稈冚珍珠"（即為"不起眼"）的本少利大行業。

一如南北行等大商舖，金銀行業的店舖亦十分注重"做禡"，每屆農曆初二及十六的禡期，皆會設一頓餸菜豐富的晚飯，供東主與員工分享，尤是正月初二的"頭禡"（又稱"開年"）以及農曆十二月十六日的"尾禡"，較為重視。

◀ 檢驗黃金成色的試金石，以及用不
同成色黃金製成，用以在試金石上
與金條劃痕以辨別成色的 "牌"（樣
辦）。（圖片由安隆金銀有限公司提
供）

◀ 專家正在用 "牌" 在試金石上劃痕，
以驗金條成色。（圖片由安隆金銀
有限公司提供）

第十五章

銀行業

1845 年 4 月，東藩滙理銀行（Oriental Bank Corporation）在港成立，為香港的首間銀行。該行行址位於皇后大道中與砵典乍街交界，一年後發行 5 萬多元港幣的鈔票。該行在內地分行的名稱則為：東方、金寶及麗如。

1857 年，印度倫頓中國三處滙理銀行（Chartered Mercantile Bank of India, London and China，早期亦有一"吉士頓銀行"的中文名）在港開業，一年後發鈔。1901 年，該行中文名稱改為有利銀行。

成立於 1853 年的印度新金山中國滙理銀行（Chartered Bank of India, Australia and

▲ 1919 年慶祝歐戰和平的銀行區。由左起依次為第一代大會堂、滙豐銀行、渣打銀行及廣東銀行。亦有若干間銀行開設於右方的太子行。

China，早期亦有一"些活銀行"的中文名），1859 年在港開設分行，行址為德輔道中的中環街市東鄰。該行 1863 年開始發鈔。1895 年，改名為渣打寶源銀行，至 1911 年中文名稱改為"印度新金山中國渣打銀行"。

同於 1863 年起發鈔的銀行，還有成立於 1857 年的呵加剌滙理銀行（Agra and United Service Bank Ltd.）。該行 1865 年易名為呵加剌馬士打文銀行，滙豐銀行總司理昃臣（Sir Thomas Jackson）曾在此行任職。

香港上海滙理銀行有限公司（The Hong Kong and Shanghai Banking Company Ltd. 於 1865 年 3 月 3 日開業，並於同年開始發鈔。一年多後，將 "Company Ltd." 改為 "Coporation"，而中文名稱的滙理則於 1881 年改為滙豐。該行行址當時的名稱為 "域厘行"（Wardley House），現時的行址為 "域厘行" 加上部分第一代大會堂所構建而成者。

滙豐開業時的股本為港幣 500 萬元，分為 40,000 股，每股 125 元。

印度商業東方銀行於 1866 年 5 月起發鈔。但於當年 7 月，該行連同呵加剌馬士打文銀行雙雙倒閉。當時一場源於英國的金融風暴，導致香港的 11 間銀行中，有 6 間（包括上述的 2 間）結束營業。

早期在香港開業的銀行，還有西印度銀行、法蘭西銀行，以及富商遮打曾任職的慳度士丹中國日本滙理銀行（Bank of Hindustan China & Japan）等。

1874 年，滙豐因受多方的倒撻，不能派息。1876 年，昃臣就任總司理，業務趨於穩定，並恢復派息。 1880 年起，滙豐大力在中國發展，業務迅速增長。

1884 年 8 月，香港首間銀行東藩滙理銀行（市民稱為 "舊銀行"）清盤，經重組後曾用 "新東藩" 或 "泰豐" 銀行的名稱經營過一段短時期。

1891 年，法國東方滙理銀行在港開分行。

同年，有部分華人資本的中華滙理銀行成立，為香港的第七間發鈔銀行。根據 1901 年的統計，發鈔額為 40 多萬元。該行於 1911 年 8 月收盤結業。曾於中華滙理銀行營業期間停止發鈔的有利銀行，於 1912 年起恢復發鈔。

1896 年，寶興銀行開業，董事會成員中不少為怡和的董事。同年在港開業的，還有日本之橫濱正金銀行。

1897 年 3 月 1 日，報載由盛宣懷督辦之中國銀行，將約於同年 4 月開辦，總部設於上海，在中外及香港設多間分行。該行亦在香港招股，由中國電報局港局及香港輪船招商局辦理。香港之法律顧問為贊臣士篤及孖士打。

▼ 1897 年，中國銀行在香港招股的廣告，當時由香港輪船招商局代收股款。

▲ 一間外商銀行總司理之大班房（辦公室），1906 年。（圖片由佟寶銘先生提供）

富商李陞於 1900 年逝世，所涉及之錢銀來往中，有"存錢入中國銀行"及"所欠中國銀行之款，以十五萬為額"等項目。

1900 年，德華銀行（德意志銀行）在干諾道中 10 號設港分行。

1903 年農曆三月初一，中國通商銀行港分行開業。同年在港開分行的，還有台灣銀行以及萬國寶通（花旗）銀行。

1905 年 5 至 6 月間，中國銀行上海總行及中國通商銀行曾商議停辦中國銀行港分行，又商議改良該行的辦法。

1906 年，荷蘭小公銀行及位於德輔道中 16 號的荷蘭安達銀行已在港開業。

1907 年（光緒卅三年），交通銀行開業，同年其香港分行在皇后大道中 179 號開業。

1909 年農曆五月十二日，大清銀行在文咸東街 69 號開設港分行。1910 年，商辦廣東公益銀行在干諾道中 119 號開業。

1911 年，廣東銀行開幕，臨時行址設於舊郵政總局（現華人行所在），個多月後遷往德輔道中 6 號。稍後該行與一間亞洲銀行合併，其重建的新總行大廈於 1924 年落成。

1915 年，香港已有一間出售"隨身匯票"（旅行支票）的通濟隆公司（Thomas Cook）。

1916 年，黎元洪總統的政府曾提議將中國銀行及交通銀行，合併為中央銀行。

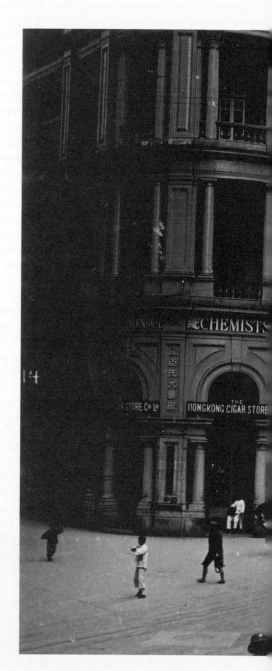

▲ 由畢打街東望德輔道中，約 1925 年。
右方為香港大酒店，其左鄰為荷蘭安達
銀行。正中有三座矮樓宇，中間為位於
10 號的第二代東亞銀行。最高的樓宇
為於 1924 年重建落成的廣東銀行。

1918 年，由華商集資 500 萬元經營的工商銀行開業，行址為皇后大道中 12-14 號。

同年，一間華商積貯銀行（稍後正名為華商銀行），在皇后大道中 13 號開業，該行在上海亦設分行。該行於 1924 年 6 月 13 日結業，對於華資銀行為一大打擊。新加坡的和豐銀行稍後在該址接續開業。

同年，北京五族銀行在港招股，委託中國及交通銀行代收股銀。

同於 1918 年，東亞銀行組織成立招股，該行設於皇后大道中 2 號，原第二代東藩銀行所在，並於 1919 年 1 月 4 日開張。該行稍後遷往德輔道中 10 號，其總司理為簡東浦。

同於 1919 年開張的銀行，還有中法實業銀行、位於文咸東街 47 號的鹽業銀行港行，以及位於德輔道中 22 號的大英銀行（P & O Bank Corporation）。

中國銀行位於干諾道中 21-22 號香港分行新址，於 1919 年 2 月 24 日開業。該行稍後遷往皇后大道中 4 號。

◀ 1918 年 10 月，東亞銀行在報章刊登的招股通告，收股款的店號有和發成船公司、德信銀號及南洋兄弟煙草公司等。

1930 年代的廣東銀行支票，▶
由商務印書館承印。

鹽業銀行於 1924 年在德輔道中 236-238 號建成一新廈，而大英銀行則於 1939 年被渣打銀行兼併。

1920 年，中華國寶銀行在雪廠街 2 號開業。

1922 年，位於德輔道中 169 號的國民商業儲蓄銀行開業，其主要股東包括先施、永安及大新百貨公司的司理人。同年開業的銀行還有：都爹利街 5 號的殖工銀行、德輔道中 25 號的東方商業銀行，以及文咸街 11 號的道亨銀號。

東亞銀行、國民商業儲蓄銀行、滙豐銀行及工商銀行，依次於 1924 年、1925 年、1929 年及 1930 年在九龍開分行。東亞分行為九龍第一間銀行。

1924 年，康年儲蓄有限公司（稍後改為銀行），在德輔道中與林士街交界開業。該公司總司理為李星衢。同時期開業的銀行還有同位於德輔道中的嘉華銀行。

▲ 李星衢。

尖沙咀半島酒店滙豐銀行九龍分行前的 ▶ 外籍人士，約 1930 年。（圖片由佟寶銘先生提供）

1928 年，中法工商銀行在太子行開業。

1929 年，高等法院通過永安公司經營銀行的法例。

當年，因美國大蕭條，不少華商因外匯投機及放款給股票經紀而導致虧損。

由當押業大王李右泉及羅旭龢等創辦的"公民積貯有限公司"，因時勢不宜從事銀行業務，於 1929 年收盤。

1930 年開業的銀行有：興中商業儲蓄銀行（永樂街）、廣州合德銀行，及廣東中央銀行（遮打道），後者於一年後易名為廣東省銀行。

英軍列隊歡迎由皇后碼頭（左）登岸的重要人物，約 1930 年。▶
右方可見皇后行樓下以旅行支票馳名的通濟隆銀行（Thomas Cook）。（圖片由佟寶銘先生提供）

1931 年，資本龐大的工商銀行宣佈收盤。同時收盤的還有興中商業儲蓄銀行。

1933 年，恒生銀號在永樂街 70 號開業。永隆銀號和汕頭商業銀行同年也在文咸街開業。後者後來先後易名為香港商業及亞洲商業銀行，現時為大眾銀行。

1935 年 10 月 10 日，樓高 217 尺、共 14 層的第三代滙豐銀行新總行大廈落成。

同年，廣東銀行、國民商業銀行及嘉華銀行曾收盤，但皆於 1936 年復業。

1935 至 1940 年間開業的銀行或銀號有：金城銀行、嶺海銀行、廣西銀行、廣安銀號、永亨銀號、四海通銀行、上海商業銀行，以及由宋子文任董事的中國國貨銀行。

▼ 在內地名為麥加利銀行的渣打銀行，於上海所發出的支票，1940 年。

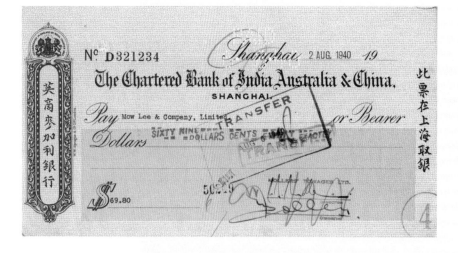

▲ 中環銀行區，約 1935 年。左方及中
部同為於 1935 年改建落成的滙豐銀
行及東亞銀行。東亞銀行的左鄰為國
民商業儲蓄銀行。

1941 年 12 月 8 日起的戰事期間，銀行營業時間僅為上午 10 時至 12 時兩小時。

淪陷期間，有 10 間華資銀行，包括東亞、上海商業、康年、永安、國民商業及交通等復業。另有 13 間外商銀行，包括：香上（香港上海滙豐）、渣打、華比、有利、通濟隆、大通、荷蘭、萬國寶通等，被定為 "敵性銀行"，由橫濱正金銀行及台灣銀行分別接管。華人存戶最多只能提取款項約港幣 500 元。

日治期間，滙豐銀行大廈被日軍用作 "香港佔領地總督部"。

滙豐銀行一批價值 1 億 1,900 萬元的未發行鈔票，於橫濱正金銀行清算該行時被發現。日軍當局迫令該行總司理祁禮賓爵士（Sir Vandeleur Molyneux Grayburn）及多名高級職員簽署這批鈔票隨而發行，成為了 "迫簽鈔票"。

這批鈔票主要在澳門及內地流通，尤其以上海為多。不少人用四、五分之一的低價購入。

當香港英軍政府於 1945 年 9 月 13 日公佈這批不合法鈔票的號碼後，隨即引起混亂，有人將號碼塗改使用，有人甚至不敢收受滙豐鈔票。

1946 年 4 月 2 日，軍政府宣佈迫簽鈔票為合法通貨，其負債由港府與滙豐共同分擔，風波才宣告平息，低價購入者皆獲巨利。

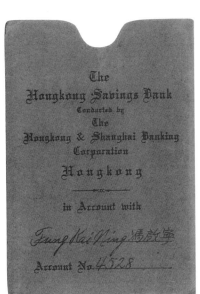

	DATE	WITHDRAWAL	DEPOSITS	INTEREST	BALANCE	TRAN. ACCOUNT No.	
	IN ACCT. WITH	FUNG KAI NING			ACCOUNT No.	4528	
1	19APR·38				**568.95		
2	20JUL·38	30th June, 1938, Int.		**0.89	**575.84	B	
3	20JUL·38		**10.00		**585.84	A B	4528
4	24SEP·38	*300.00			**285.84	A D	4528
5							
6							
7	18JAN·39	31st Dec. 1938. Int.		**4.80	**290.64	A	
8	23JAN·39	**80.00			**210.64	A B	4528
9	-9NOV·39	30th June, 1939, Int.		**2.63	**213.27	A	
10	-9NOV·39		*100.00		**313.27	A A	4528
11	-2DEC·40	31st Dec. 1939, Int.		**2.87	**316.14	A	
12	-2DEC·40	30th June, 1940, Int.		**3.95	**320.09	A	
13	-2DEC·40		*200.00		**520.09	A A	
14	-3JUL·41			**4.41	**524.50	A	
15	-3JUL·41	31st Dec.		**6.55	**531.05	A	
16							
17	4/2/42	50.—					
18	17/2/42	300.—					
19	18/3/42	150.—					
20							
21	31/12/42			6.63	37.68		
22	-9JAN·46		*200.00		**237.68	A B	
23							
24	-6AUG·4			**2.78			

THE ACCOUNT NUMBER PRINTED IN "ACCOUNT No." COLUMN IS YOUR PROPER ACCOUNT NUMBER

The Hongkong Savings Bank Conducted by The Hongkong & Shanghai Banking Corporation Hongkong

in Account with

Fung Kai Ning 馮啟寧

Account No. 4528

▲ 滙豐銀行的存摺及封套，可見由 1938 年
至 1946 年間，包括淪陷時期用手抄的收
支紀錄。

道亨銀號及交通銀行的廣告，1948 年。▶

1946 年，正和銀行開業，但於一年後結束。

1947 年開業的銀行有泰國盤谷銀行及大新銀行。同年，中國銀行以 370 多萬元，投得部分舊大會堂遺址以興建新總行，於 1951 年落成。

1948 年開業的銀行有復興銀行，以及位於永樂街 128 號的廖創興儲蓄銀莊（銀行）。根據統計，當年共有外資銀行 14 間，華資銀行 32 間。

1949 年開業的銀行，有位於德輔道中 167 號三及四樓的南洋商業銀行。

1950 年開業的銀行，有在新加坡註冊，位於公爵行的華僑銀行，及位於中天行五樓的集友銀行。

1951 年開業的銀行，有中國工業銀行、和成銀行，以及位於皇后大道中 4 號中國銀行舊址的印度合眾銀行。

稍後開業的銀行有：1953 年的東京銀行，以及有餘商業銀行。1955 年的華人銀行，及 1956 年的海外信託銀行。

THE HONGKONG AND SHANGHAI BANKING

▲ 1953 年 3 月 13 日，滙豐銀行職員拉車經皇后像廣場前往皇后碼頭，送別座駕內的總司理摩士（Sir Arthur Morse）返英的情景，摩士公園以他命名。

1956 年,印度新金山中國渣打銀行,名稱改為渣打銀行。同時,該行着手改建總行,於 1959 年落成。

1959 年,有利銀行成為滙豐銀行的全資附屬機構,有利一直發鈔至 1974 年。至 1984 年,滙豐將該行出售予萬國寶通(花旗)銀行。

1960 年,恒生、永隆、永亨幾間銀號改名為銀行,稍後改名的還有道亨等若干間。

1961 年,廖創興銀行曾發生擠提,旋即解決。可是另一次發生在 1965 年的金融風潮,導致明德銀號及廣東信託商業銀行結業,恒生銀行亦因此次事件把控股權轉讓予滙豐。

1960 年代初起,各中外資銀行大量在各區開設分行,到了 1970 年代中為高峰,當時被形容為"銀行多過米舖"。

1965 年底統計,有 74 間銀行在港營業,34 間銀行在港成立,共有 54 間銀行可經營外匯業務。

六、七十年代開業的銀行有:遠東、京華(國際商業信貸)、華聯、菲律賓國家銀行、韓國外匯銀行、美國國際商業銀行、馬來亞銀行、崇僑、香港工商、友聯、恒隆、大華,以及日資的三井、三和、三菱、大和、東京及住友等。

一九六五年四月九日

香港上海滙豐銀行
恒生銀行有限公司 聯合公佈

滙豐銀行及恒生銀行現經
成協議由滙豐銀行承購恒生銀行之控制股權
使恒生銀行成為省港上海滙豐銀行集團機構
之一特此聲明

◀ 1965 年 4 月 9 日,滙豐銀行承購
恒生銀行控制股權的聯合公佈。

老牌的廣東銀行曾易名為美國太平洋、太平洋亞洲、美國銀行（亞洲）等，現時為中國建設銀行（亞洲）。

1981 年，滙豐拆卸落成於 1935 年的第三代總行大廈，改建為現代化建築，新大廈於 1985 年落成。

1982 年，中國銀行以 10 億元購得美利樓的地段，興建新總行大廈，於 1990 年代初落成。

渣打銀行於 1987 年重建總行大廈，於 1989 年落成。同年，恒生銀行經公開拍賣購得中區消防局大廈原址，亦於 1990 年代初建成新總行大廈。

1983 年至 1986 年間，香港出現連綿不絕的銀行風潮，涉及恒隆、海外信託、香港工商、遠東、友聯、康年、嘉華及永安等多間銀行。最後，以上銀行全被中資及港資銀行收購。嘉華銀行轉為中信銀行，友聯銀行轉為中國工商銀行（亞洲），幸而存戶全無損失。

1　皇后大道中都爹利街口的國際商業信貸銀行，1992 年。其左方圓型的萬國寶通（花旗）銀行大廈正變為成報中心。

2　1997 年香港回歸時的滙豐銀行總行。

1990 年 12 月 17 日，滙豐銀行宣佈遷冊，在英國成立控股公司。

1991 年，國際商業信貸銀行出現問題，但港府宣佈該行財政健全，稍後卻宣佈該行停業。港府出爾反爾的做法，引發存戶多次抗議行動，並引致多間銀行擠提。最後大小存戶均獲十足賠償。

1994 年 5 月起，中國銀行開始發行港鈔，為本港有史以來第八間發鈔銀行。

2001 年 10 月 1 日，包括中國、鹽業、新華、金城、廣東省、浙江興業、國華商業、寶生、華僑商業等銀行，連同本港的原中國銀行，合併為中國銀行（香港）。

2003 年，道亨、廣安及海外信託等三間銀行，亦合併為星展銀行。

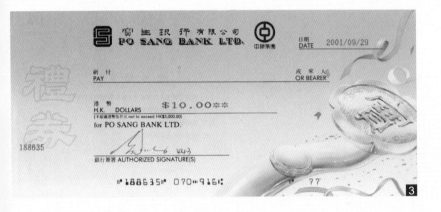

1 一度設於舊中國銀行大廈的新華銀行，2000 年。

2 2001 年 9 月底，位於干諾道中歐陸中心的廣東省銀行，正變為中國銀行（香港）。

3 2001 年 9 月 29 日寶生銀行的禮券。同年 10 月 1 日該行與其他銀行一同合併為中國銀行（香港）。

4 位於德輔道中的廣安銀行分行，約 2003 年。廣安、道亨連同海外信託銀行，於 2003 年合併為星展銀行。其東鄰原為新鴻基銀行及港基銀行，稍後亦變為富邦銀行。

5 位於都爹利街的浙江第一銀行，2003 年。該行稍後被永亨銀行併購，而永亨銀行亦於 2014 年變為華僑永亨銀行。

第十六章

當押業

　　長久以來，人們急需周轉時，往往會將金飾、手錶、墨水筆、衣物以至棉胎等拿往當舖（或稱押店）以獲取現金。由於利息高昂，有如五雷轟頂，因而被稱為"雷公轟"。

　　香港於開埠時已有押店開設。1858 年，當局將押店的牌照費大幅提升至每年 500 元（當時普羅市民的月薪約為 5 元），押店實行罷市抗議，但當局不為所動，而該行業的確利潤深厚，最後不了了之。

　　1870 年代，有數十間押店分佈於中上環以至西營盤一帶，包括位於西街的裕和押及泰亨押、皇后大道中的益生押、結志街的萬益押等。1888 年，荷李活道 57 號（現公利竹蔗水店對面）的均安押開張，一直經營至 1980 年代中。

　　1894 年，港九共有押店 40 多間。

1904 年，一位李右泉氏經營包括萬成押等多間押店，為知名的 "當業大王"。李氏亦曾經營普慶戲院及新界離島線的小輪。李右泉於 1940 年逝世，享年 79 歲。

1927 年，亦有一位甘廉仿氏在各區開設多間押店，包括德輔道中的福泰押；威靈頓街的履泰押；德輔道西的義生押及悅來押；大角咀的大來押；上海街的兆昌押、裕泰押及榮泰押；新填地街的禛泰押；紅磡的寶泰押及深水埗的和泰押等，但在同年全數出售予其他股東。

1930 年代，該行業的商會為 "當押行"。和平後為 "港九當押業商會"。

▲ 約 1920 年的灣仔皇后大道東近大佛口的一段，左方可見一遠信押。

淪陷時期，有 66 間押店復業，名稱則由押店改為"質屋"。當時的當押業頗為好景，因不少市民將貴重金銀首飾往典當，以換取現金應付生活所需。亦有不少人因為對軍票沒有信心，往押店購買"斷當"（即過期未贖）的首飾。也有大量人士將斷當的故衣"走水貨"運往內地。

可是，在和平後押店業面臨困境，因顧客將變為廢紙的軍票往押店贖回押物，導致押店無法應付而需停業一段長時期，一直到 1946 年 10 月 10 日才復業，有不少更宣佈破產。復業的只有 28 間，不及行業的十分之一，估計每間押店損失約 40 萬元。

百多年來，押店的招牌皆為一蝙蝠騎着一金錢的形狀，被稱為"福鼠吊金錢"。每間押店均有一稱為"照壁"的遮羞板。高高在上的掌櫃名為"朝奉"（朝着奉上東西的顧客）。

當時不時有警探前往或駐在押店、當舖等，偵查劫案或盜竊案，不少失物往往能在押店起回。至 1970 年代初起，規定往典當需出示身份證，當舖當入贓物的機會隨即大減。

▼ 軒尼詩道與馬師道交界，設於 1930 年代樓宇的同德押，約攝於 2002 年。

1950 年，港九共有押店、當舖 60 多家，以位於中環及灣仔的為最多。光顧者多為中層市民及受薪階級，亦有不少為"鬼佬"外籍人士，大部分為"有當有贖"的"上等人"。當時多間有"德"字號的押店，為一高姓富商所開設者。

最受歡迎的押物，當屬金飾、珠寶，以及稱為"蛋"的手錶和"箭"的墨水金筆。兩者一齊典當的稱為"射箭舉蛋"。當時亦有"口頭禪"："塵歸塵、土歸土、手錶水筆歸當舖"，以及"今夕吾錶歸當舖，他朝水筆也相同"，來形容此二物的典當，充滿苦中作樂的黑色幽默。

當時亦時興夏天當冬衣、皮草及棉胎（被），冬天當夏季衣裳等，視押店為貨倉。將棉被高舉呈予"朝奉"的動作，被形容為"舉獅觀圖"。

▲ 位於旺角碼頭旁山東街由 5 號
　起的多間原當（指來自當舖）
　的故衣店，約 1960 年。

當票的寫法，多為"鬼畫符"式的潦草字體、皮草例寫作"生蟲光板"、金寫作"銅"、好寫作爛，以防物主吹毛求疵追討索償。最顯著的是名貴金錶寫作"不行（行不動）爛銅錶"。

當時，有人將舊物、古董、鐘錶或衣物等的缺陷修復好，或將名廠錶外殼，內部裝入雜牌的"錶肉"（錶芯部件），偽裝為上品拿往典當，冀使"朝奉""睇漏眼"，或一時失察而"上當"。此種行為行內人稱為"種松"（音"寵"），亦有寫作"種蟲"者。約 1990 年，一間位於上環的老牌當舖，因"上當"了一批"種松"的偽蘇聯鑽石而結束營業。

部分押店亦開有"故衣舖"以出售"斷當"的押物，當中包括西裝、唐裝、衫、褲、皮草、皮鞋及棉被等。往故衣舖購買二手衣物被稱為"斬蛟龍"，意思為將被困於"淺水氹仔"之"蛟龍"（即落難人士之心愛物件）斬奪。

港島的故衣店舖集中於高陞戲院所在的一段皇后大道西。著名的有天生、巨昌、貞信及時和泰等近 20 間，現時仍有一間"合德"在原址經營。

九龍區的故衣店則集中於旺角山東街與廣東道附近，以及深水埗北河街，皆接近渡輪碼頭。當中較著名的有上海街的正和及山東街的廣榮及振興等。

故衣舖亦設有鐘錶首飾"專櫃"。除普羅市民外，不少珠寶金飾商人亦會前往故衣舖，甚至當押店購買"斷當"的金飾珠寶，將其整理及翻新之後，當作新首飾出售，這等首飾被稱為"企日"貨，"企"（即豎筆"｜"）加"日"字，即"舊"字的簡寫（旧）。

長久以來，押店例於農曆除夕年三十晚營業至午夜 12 時，以方便人們"撲（籌）年晚錢"以度過年關。

▼ 位於皇后大道西 153 號，近修打蘭街的合德故衣行，2005 年。

第十七章
地產建設

　　1841年6月14日，香港舉行首次土地拍賣，有33幅位於中環街市以東，介乎皇后大道中與海旁中（德輔道中）之間，以及灣仔皇后大道東與海旁東（莊士敦道）之間的地段售出，當中包括現時置地廣場及滙豐銀行的地段。若干幅地段是擁有其前端的海段，以建碼頭者。當時的買家全為外籍人士。

　　1843年6月29日，香港島的市中心區被命名為"維多利亞城"。同年，香港政府之調查土地委員會成立。1845年開始徵收差餉。

　　1846年，富商都爹利氏（George Duddell）購得皇后大道中4號，與都爹利街交界的地段，該處曾為第二代的渣打銀行。1878年出售予庇理羅士公司，1921年，面向皇后大道中的部分售予中國銀行。

▲ 約 1875 年的西營盤及右方的太平山區。左方為皇后大道西,中前方為
鋤斷山街(荷李活道)。右中部可見原為佔領角的大笪地(現荷李活道公
園)。這一帶的地段大部分於 1840 年至 1870 年間批出或經開投售出。
後上方可見尖沙咀至大角咀一帶,建築物寥寥可數。

1851年，由威靈頓街起迄至西營盤接近修打蘭街，當時為海旁馬路的皇后大道發生大火，燒毀民房472間。事後，當局在其前端的海域進行填海，新填地上開闢包括乍畏街（蘇杭街）、文咸街及永樂街的一大片新地段。

　　1850年代起，當局推出多幅由石塘咀、西營盤、上中環至灣仔的地段供競投，包括加倫台、第一街、掘斷山街（部分荷李活道）、文咸街、鴨巴甸街、麟核士街（擺花街）、機利文街、砵典乍街、花園道、皇后大道中以至皇后大道東等。年期多為由1840年代起計共999年。

　　1870 年代起，華人大量購買歐籍人士所擁有，包括皇后大道中迄至都爹利街的土地，價格亦被拉高。遮打爵士及德忌利士洋行亦將土地售予華人。定例局（立法局）曾予以阻止，但卻獲港督軒尼詩贊成而阻止無效。稍後，不少教會亦將位於中環及灣仔的土地售予華人。

1　約 1880 年中西區填海前的寶靈海旁中（德輔道中）。左方為第一代滙豐銀行，正中是香港大酒店，其右方畢打街旁的是怡和洋行。這一帶的樓宇由 1840 年代起陸續落成。

2　設於都爹利街與雪廠街交界的煤氣街燈，約 1970 年。

1880 年，太平洋行在麟核士街建新屋 10 間出租。同年，位於皇后大道中大會堂及滙豐銀行對面之柏栱行，有一連 13 間舖位出租。宣稱為"十分冠冕，華西來往人士極眾、極宜貿易"。每舖均有廚房，可供"開爨"（煮食），且任從燒柴炭。

1883 年，上環街市街（普慶坊）同慶戲院連地段，以及太平山街的普樂戲院，分別出售及出租。

1885 年，威靈頓街羅馬教堂（聖母無原罪教堂，現來佬餐館所在一帶）附近，砵典乍街及樂慶里的多幢樓宇，以 6 萬元售予華人。

同年，當局將油麻地差館以西對出，由公眾四方街（眾坊街）至新填地街一帶，共 25 幅填海地段開投，每段長 45 呎、闊 150 呎。之前，當局已出售差館街（上海街）及福星里的多幅地段，年期為 75 年。

1889 年，中西區進行大規模填海。同年由遮打爵士及怡和洋行成立的置地公司透過於 1924 年合併之"中環地產公司"，在中區包括遮打道、干諾道的新填地上，購地興建皇后行、皇帝行、亞力山打行、東方行、聖佐治行及沃行等多座新型辦公大樓，於 1898 年起陸續落成。該地產公司並於 1927 年收購太子行。同於 1889 年，遮打亦創辦"香港電燈"，主要在港島供電以及為這批新大樓的電梯、照明及風扇提供電力。

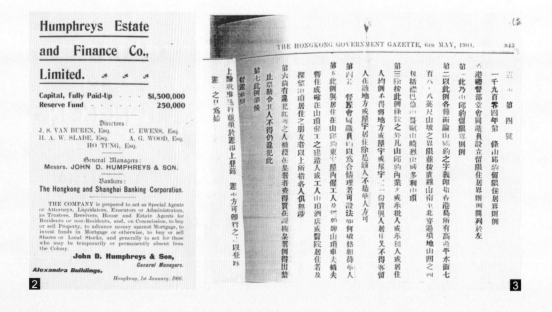

1895 年，狄近（的近）律師行，拍賣"裙帶路"（維多利亞城）內荷李活道、鴨巴甸街及卑利街的地段。

1897 年，位於堅道與卑利街交界的"九號差館"地段出投，共 4,000 平方呎，底價為 3,150 元。

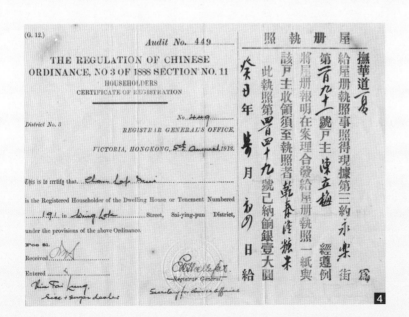

1 在 1889 年開始填海的土地上落成的建築物，約 1900 年。由左起為位於干諾道中 1 號的太古洋行（落成於 1897 年）、東方行（落成於 1898 年）、電訊大廈、香港會所（落成於 1897 年）與及最右方的皇后行（落成於 1899 年）。太古洋行及東方行所在現為 AIA 大廈。

2 堪富利士地產及財務公司的廣告。1906 年。該公司於 1970 年代初被置地公司收購。

3 1904 年政府憲報刊登，不准華人在港島山丘，即包括金馬倫山、歌賦山、奇力山及扯旗山山頂居住，客留亦不可以，違犯者將在法院被檢控。此苛例要到 1947 年才取消。

4 由政府於 1913 年發出予永樂西街 191 號南北行商乾泰隆的樓宇屋冊執照，戶主為陳立梅。發照者為總登記官的華民政務司。

同年，山頂地段出投，年期為 75 年。

由 1900 年起，位於新九龍由荔枝角、長沙灣至深水埗的沙灘，以及交錯的海灣，由商人進行填海造地。稍後，政府在這一帶實施大型填海造地工程，並夷平若干座山崗，將多個小村及海灣平整為新市鎮，以及開闢包括大埔道、青山道等多條新街道。由 1906 年起，包括深水埗置業有限公司，及商人李炳等多個發展商，在此購地建屋。

1902 年，政府公佈屋宇新例，凡樓宇所在街道不足 30 呎闊者，不准建鐵騎樓，不足 50 呎闊者，不准建石騎樓；亦要設有供空氣流通之通天。此例於 1903 年起正式實施。

當時，港島有不少地盤依山闢建，故若干座樓宇是設有地窖者，由於不合衛生，當局遂作出一些嚴格規限。同時，有不少橫街（包括蘭桂芳等）的地舖用作住宅，從不閉戶，只用"櫳走籠"（普遍稱為"趟籠"）作守護，容易被賊人撬開，入屋犯案。

1907 年，荷李活道 3-14 號之樓宇，以及其背接宣惠里之樓宇共十多幢出租。這些樓宇於 1919 年改建為荷李活道 10 號中央警署新大樓。

而位於皇后大道中 176 號"一笑樓"食館所在，原五號警署及水車館（消防局）的樓宇，於 1928 年改建為"何東行"商場大樓。

1909 年，置地公司擁有原法國教會，位於晏頓街、蘭杜街及莊士敦道一帶的部分樓宇以供招租。1921 年，置地亦將位於灣仔大佛口原海軍食堂的"藍行"出售。同年，置地公司在中環梅道及尖沙咀赫德道共建屋 30 間。當時的地產商還有置地聯號的填海公司，以及堪富利士公司等。

▲ 由雪廠街西望皇后大道中，約 1915 年。右方為有利銀行及太平洋行的辦公樓，其西鄰有三角型門簷的是洲際酒店，後來依次改為丫士打酒店及勝斯酒店。左方都爹利街口的古典建築原為渣打銀行，數年後易手予中國銀行。

1910 年，大角咀福全鄉大街（福全街）一幢 1,000 呎樓宇連地皮，售價為 1,400 元，較次之地段為 1,000 呎售 800 元。同年，九廣鐵路局收回旺角之田地，以延長亞皆老街，每呎地價為 1.87 元。

當時，很多商業樓宇已有"升室"（升降機）之設，亦有很多樓宇提出建水廁的申請。

1914 年，何啟及區德組成一"啟德營業有限公司"，於九龍灣填海造地，興建廠房及樓宇租售，發展計劃名為"啟德濱"。1927 年，政府備價收回整個啟德濱地段，以興建啟德機場，於 1931 年完成。

1921 年，羅旭龢及鍾笑爐，以 50 元一呎（當時為"天價"）的地價，投得皇后大道中與畢打街交界，舊郵政總局及高等法院的地段，以興建華人行，該大廈於 1924 年落成。

同年，位於皇后大道中 5 號，即渣打銀行及有利銀行之間，原為中華滙理銀行之域多利亞行，以每呎 56 元的價格，售予一華人銀團。後來改建為法國東方滙理銀行。

同年，廣州於仁燕梳公司，購入畢打街與干諾道中之間的萬順酒店，易名為"於仁行"。而位於荷李活道的道濟堂教會及雅麗氏醫院所在，有一連六間舖位的樓宇，亦於 1921 年以 17 萬元，出售予永安公司的經理杜澤文。

1923 年 12 月 17 日，議政局員（行政會議成員）周壽臣等，獲港府批出香港仔黃竹坑（現壽臣山道一帶）的土地 50 英畝，與包括馮平山、羅旭龢、李右泉等友好，以及東亞銀行及南洋煙草公司部分董事合作，在該地段上興建中、西式屋宇。

1919 年歐戰和平慶祝期間，由雪廠街西望德輔道中。右方是英皇酒店、▶
亞力山打行及畢打街郵政總局。左方是鮑威爾行。英國旗背後是荷蘭安達
銀行，其西鄰最高的建築是香港大酒店。

◀ 約 1928 年遮打道正中的皇后像及皇后像廣場。可見置地公司名下的太子行（中）及皇后行（右，現文華酒店所在）。

原為新界一部分，於 1899 年改劃為"新九龍"範圍內之九龍塘，早期為一客籍人士所居之小村落。1922 年起，有外商在此興建多座歐式別墅型樓宇，稍後有 50 間落成，不少富人遷往居住，炒風甚盛。1925 年省港大罷工發生後，工程停頓，加上發起人逝世，起至一半而停工者比比皆是。

1926 年 1 月，"九龍塘花園屋宇值理"聚會，成立一"九龍塘花園屋宇維持會"，在此重新發展，之後建成新樓百多間，稱為"花園城"，街坊汽車（巴士）亦達該處。最後，由何東爵士接手承辦，工程全部完成，因此該區之芸芸英式路名中，有一條何東道。

1929 年，廣生行創辦人馮福田，在九龍塘九萬多呎的地段上建屋出售，名為"馮園"。

1923 年 9 月，商人利希慎以 450 萬元，購得渣甸（怡和）洋行位於銅鑼灣的渣甸山，範圍長 1,000 多呎，闊 700 多呎，隨即易名為利園山，早期用作遊樂場。

1925 年，政府曾打算夷平利園山，用山泥填海將干諾道擴闊至 150 呎，但因省港大罷工而放棄。

1927 年 6 月，益群公司獲政府以每呎 15 仙的價格，批出大坑區益群道的地段，以建兩、三層高的屋宇多座供出售。

由 1921 年開展的灣仔填海工程，於 1930 年完成，政府批准發展商在軒尼詩道與告士打道之間的新填地上，興建"紅毛泥石屎"（三合土）唐樓 1,600 幢，以廉租吸引中上環的居民入住。

1930 年，政府清拆黃泥涌村，興築包括山村道、山光道、奕蔭街、聚文街等多條道路及發展跑馬地新住宅區。

▲ 約 1930 年的跑馬地。前方為即將
清拆的黃泥涌村村屋,其前方的部
分已被夷平,整條黃泥涌村將闢成
山村道、山光道以至聚文街等多條
道路,並在上興建高尚住宅樓宇。
中左部為大部分已被夷平的摩理臣
山。

約 1933 年，由雪廠街至德忌利士街之間，干諾道中的樓宇。由左至右為皇后行、聖佐治行、皇帝行、於仁行、郵政總局、鐵行。最右方的屋宇原為德忌利士船公司，於 1955 年改建成中總大廈。左方畢打街以東（除聖佐治行外），包括最高有大鐘樓的建築告羅士打行，皆為置地公司的物業。

▲ 灣仔盧押道，由軒尼詩道望向莊士敦道，1932年。這
新填地區左方正闢建修頓球場，右方為該區典型的石
屎唐樓。而左中部莊士敦道包括和昌大押的舊樓，則建
於十九世紀後期。（圖片由佟寶銘先生提供）

▲ 1935 年 5 月英皇喬治五世登位,銀禧舞龍經過灣仔軒尼詩道與莊士敦道交界。背景為於 1930 年起興建、供華人居住的石屎樓宇。

▲ 約 1932 年的九龍城區。前方為白鶴
山及九龍寨城的城牆，中後方為馬頭
涌區，其左為啟德濱的住宅及工業樓
宇，背後是宋王台所在的聖山。（圖片
由佟寶銘先生提供）

1938 年，大量內地人士因戰亂避居香港，住居需求大增。地產商紛紛在灣仔、北角、油麻地及深水埗區興建新樓宇以配合。

同時，富商余東璇和堪富利士公司（於 1970 年代初為置地公司併購），亦在馬頭涌和九龍城一帶，共興建 50 多幢新樓宇。

淪陷期間的 1942 年 6 月，日軍當局限令物業擁有人將物業重新登記，即所謂 "家屋登錄"，限期為約兩個月。但日軍當局可用任何理由，包括 "敵產" 等而拒絕登記並沒收物業，不會作任何賠償。日軍亦會根據 "立退命令"，下令業主及居民即時離開所屬物業，將物業沒收而不作任何賠償。不少人因此被指為 "無居所" 及 "無配米證" 為由而被勒令離港。日軍也可將居民強迫遣返內地而沒收其所擁有之物業。

於 "三年零八個月" 的日治期間，部分物業買賣仍可進行，而在該段期間的物業轉讓，香港政府田土廳在和平後會用綠色墨水登記存案。"綠墨水登記" 即指日治時代的物業成交，亦受法例約束。

一宗於淪陷時後期以軍票成交，位於奶路臣街 21 號的地段，因和平後軍票變得一文不值，賣方不允交出地段，高等法院判決限令業主兩星期內交出。當時當局規定 "綠墨水登記" 的成交，必須於 1954 年 7 月 16 日之前辦妥。

1946 年，置地公司以 350 萬，購入雪廠街之 "香港股份總會（交易所）大廈"，同時又購入畢打街之於仁行。

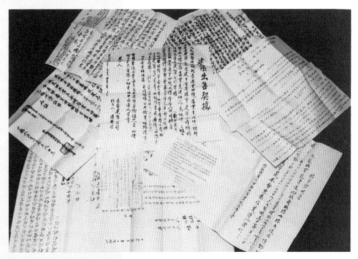

▲ 九龍寨城內的樓宇所有權證明書及建築出售契據，1970 至 1980 年代。

1947 年,地產價格漲了一至兩倍。同年,部分舊大會堂地段拍賣,由中國銀行用每呎 250 元的 "天價" 投得,以興建總行大廈。相比當年淺水灣的地價為每呎 1.5-2.2 元;山頂的地價為每呎 3-6 元。

1948 年 11 月,禮頓道舊 "一號警署" 的地段公開拍賣,由電話公司投得,於 1953 年建成新辦公樓。

同年,位於北角春秧街面向英皇道的一大段 "七姊妹" 新填地,有發展商在此興建 40 間(幢)住宅樓宇,這一帶因而被稱為 "四十間"。

1948 年,余達之等廠商巨子,發起一 "集體建屋計劃",獲政府以每呎 1 元之價格,批出位於九龍界限街近花墟 40 英畝的地段。隨即成立一 "又一邨建設有限公司",闢建又一邨私人住宅區,於 1954 年開始入伙。該區內闢有以余達之命名的達之路,及十多條主要以花木為名的道路。

同於 1948 年,政府亦批准渣甸望台(渣甸山)的住宅興建計劃,於 1956 年建成 50 多座別墅式住宅,亦闢成包括睦誠道、白建時道等多條街道。

1949 年,當局將位於旺角彌敦道、豉油街、登打士街及花園街之間的東方煙廠及花園地段,分割為 20 幅地皮公開拍賣。稍後,地產商在此興建多座商住樓宇,當中曾闢有一座明園遊樂場,所在後來為中僑國貨,現為信和中心。

1950 年,政府以每呎 15-20 元的價格,收回介乎必列者士街與城隍街及華興里之間,部分 "卅間廢墟" 的地段,以興建街市及公廁,同於 1953 年落成。該座街市現正施工,將變身為新聞博覽館。其他 "廢墟" 包括城隍街、永和街、華賢坊、士丹頓街及必列者士街的地段,則興建四層高的住宅樓宇。

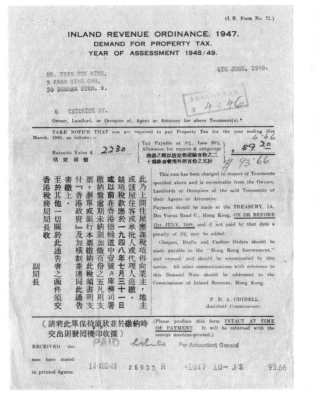

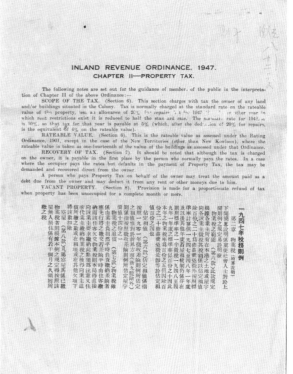

▲ 一張 1948 年的物業稅繳費單（正面及背面）。

◀ 約 1949 年的中環區。畢打街以東大部分為置地公司的樓宇,大鐘樓建築為告羅士打行,其左為交易行(連卡佛大廈)及皇室行。有尖塔者為東亞銀行。右上方皇后大道中上的兩座高樓為陸佑行及中華百貨公司。干諾道中的碼頭由左起依次為天星、卜公、鐵行、德忌利士、砵典乍街口的石碼頭,以及右方的統一碼頭。碼頭後"鷓鴣菜"廣告連同後方何東爵士的唐樓於 1962 年改建成恒生銀行大廈(現盈置大廈)。(圖片由吳貴龍先生提供)

1951 年，當局決定將於 1883 年闢建的銅鑼灣避風塘填海，以興建維多利亞公園。同時，發展商亦將利園山夷平，將山泥及山石用作堆填物。夷平的地段上開闢啟超道及蘭芳道等多條新街道，並在此興建多座商住樓宇。

同時，在利園山對面，由軒尼詩道、波斯富街一直至海濱（告士打道）的怡和東角東倉地段，於 1952 年分拆為十多幅地皮出售。當中部分用作延長駱克道及謝斐道等道路，其上大部分興建了四層高住宅唐樓，以及一座於 1955 年落成的紐約戲院。該戲院於 1980 年代被改建為銅鑼灣廣場第一期，毗鄰的唐樓亦同時被改建為包括崇光百貨等多座商業大廈。

1952 年，位於天后區原亞細亞火油廠所在的地段上，開闢了包括蜆壳街、水星街、木星街及麥連街等多條街道，並在相連的英皇道及電氣道上興建五層高的住宅樓宇共 120 幢，每幢連舖位售十四、五萬元。

▲ 由波斯富街東望軒尼詩道，約 1956 年。左方原渣甸東倉的地段已建成紐約戲院及多座唐樓。右方有美提露廣告的舊樓，於 1960 年建成中國國貨公司所在的軒尼詩大廈。

同時，發展商亦紛紛購買由銅鑼灣至北角，包括天后山、芽菜坑、炮台山、堡壘山、名園山、琴台山，迄至健康村一帶原為寮屋區的山段，以興建高級住宅大廈。當局在此闢建包括天后廟道、雲景道及炮台山道等主要道路。

1953 年，政府批准以"分層契"方式售樓，代替以往的整幢售賣方式。由於"入場門檻"降低，市民的置業意慾大增。

1954 年，大角咀亞細亞火油倉約 8 萬呎的地段，被地產商投得，興建 60 多幢住宅樓宇。同年，北角英皇道商務印書館的廠房，亦被發展為住宅樓宇，部分用地用以延長馬寶道。

▼ 約 1952 年 的 香 港 仔 及 鴨 脷 洲（右）。左方為香港大道及湖南街之間的樓宇。成都道前的黃埔船塢於 1970 年代後期發展為屋苑香港仔中心。

　　1955 年，廖創興銀行在七號警署以西的德輔道西與干諾道西之間，購入多座貨倉和工廠，以興建 40 多幢商住樓宇。一年後，鄰近之屈地街與皇后大道西之煤氣鼓地段，亦興建包括西環大樓及永華大廈等多座住宅樓宇。同時，油麻地佐敦道的煤氣鼓亦改建為統一及保文等大廈。

　　同於 1955 年，介乎皇后大道中、砵典乍街、德輔道中與中國街（萬宜里）間的多幢舊樓，被拆卸以改建為設有首座行人扶手電梯的萬宜大廈，於 1957 年落成。

1955 年起，立信置業信託有限公司，以"分期付款、分層出售"方式，出售金巴利道的香檳大廈。辦法為先付 11,500 元，隨後兩年內每月供款 500 元，即可擁有一層 1,200 多呎的樓宇；一次過付款則為 19,750 元。稍後，不少地產商均以同樣方式售樓，付款期為一或兩年。

▲ 約 1930 年的尖沙咀。右中部可見訊號山及山上的第二代時球台。右方的太古貨倉一帶現為新世界中心。前方可見彌敦道。前方可見由中間道至金巴利道間的樓宇，正中的矮屋於兩、三年後改為"重慶市場"，後於 1960 年起逐漸改建成新大廈。

▲ 約 1952 年的尖沙咀。多座半圓型之漆
咸營（所在現為香港歷史博物館）前後
方分別為九廣鐵路及漆咸道。左中部
為天文台山，其前方為天文台道，右
方為加士居道。圖片左方有不少新式
唐樓及古舊別墅式樓宇。右中部可見
京士柏山上的公務員宿舍。（圖片由吳
貴龍先生提供）

▲ 約 1955 年的尖沙咀彌敦道。右方為落成於 1930 年代的重慶市場。這一帶由右至左的樓
　宇於 1960 年代分別改建為重慶大廈、金域假日酒店、美麗都大廈及金冠大廈等。

1956 年，港府放寬樓宇高度限制，最高可建達 26 層。同年，由油麻地至深水埗間，穿越避風塘出海之廁渠建築完竣，該一帶之水廁問題解決，新型高樓大廈亦紛紛在港九各區興建。

同時，多座商業樓宇亦改建為現代化的商業大廈，包括中區的歷山大廈、永安銀行大廈、怡和大廈、德成大廈、興瑋大廈、亞細亞行、渣打銀行和於仁大廈，以及九龍的東英大廈、邵氏大廈。還有分別由彌敦戲院改建的新興大廈，及由重慶市場改建的重慶大廈等。

▼ 由煤氣鼓改建皇后大道西的西環大廈售樓廣告，1961 年。

1950 年代後期，怡和洋行之東角貨倉、煤倉及卜內門貨倉，逐步發展為百德新街及京士頓街一帶的住宅大廈。於 1960 年落成的華登大廈內，有一大丸百貨公司。

1960 年起，因東南亞動亂不寧，不少富人來港置業定居，地產價格開始有頗大的升幅。

1961 年，中環、銅鑼灣及油尖旺區的地價，每呎由 500 元至 1,000 元。

1965 年，港九各區以及觀塘及荃灣等新發展區，大量新型商住樓宇落成。當時的著名地產公司有：立信、鴻星、大昌、大生、協生行、華懋、嘉年，以及一間位於士丹利街的永業等。

可是，自 1965 年的銀行擠提風潮，以及 1967 年的社智動盪之後，地產業隨即一蹶不振。到了 1968 年後期才有復甦之象。當年 10 月，四幅官地開投，分別超出底價四至五倍成交。

同年，較引人注目的美孚新邨及筲箕灣太安樓開始入伙。

▲ 約 1959 年由東來里至皇后街之間德輔道西的華人住宅樓宇。右下方為三角碼頭永樂碼頭，左方海安咖啡室的樓宇現仍存在，最高的建築是位於 37 號之東山酒店。

1970 年 6 月 1 日，置地公司以世界最高地價紀錄的 2 億 5,800 萬元，投得中區地王，以興建康樂（怡和）大廈，於 1973 年落成。同在 1970 年，該公司在半山地利根德里，興建樓高 35 層、圓型的“世紀大廈”，於 1971 年落成。

　　1975 年及 1976 年，中區的告羅士打行、歷山大廈及華人行相繼拆卸重建，前者改建為置地廣場。

　　畢打街郵政總局亦於 1976 年拆卸，以興建中環地鐵站。位於上蓋的環球大廈總值 6 億元的樓花，於 1978 年推售，當時僅 8 小時便沽清。

　　1979 年，市區地產的拍賣價屢創新高，樓價屋租同告狂升。同時，商住樓宇的發展逐漸移往新界。

　　1982 年 7 月，港府動用 22 億元，收回元朗天水圍之地段，並與發展商達成協議，用十多年時間在該處興建一可容納十多萬人的屋邨。

　　同年稍後，受到香港前途問題困擾，金融市場動盪，樓價下跌。1984 年底，《中英有關香港問題的聯合聲明》簽署後，樓價恢復上升。俟後，商住樓宇及居屋的價格，一浪高於一浪，中小型樓宇兩年內升值六成。

　　1985 年，置地公司在中環交易廣場的兩幢高 52 層的大廈入伙，其餘一幢高 32 層大廈則於 1986 年落成。

　　當局於 1988 年成立“土地發展公司”，定出多項重建計劃。該公司於 2001 年變為“市區重建局”。

　　1989 年中，樓價曾受政治事件影響而下跌，但迅速已回穩。數月後，港九新界多個新樓盤推出，均出現輪購人龍。

◀ 接近歌賦街的一段弓絃巷內 24-28 號的舊式唐樓,1976 年。這批唐樓於 2003 年改 建成龐大的屋苑荷李活華庭。

第十八章

股票市場

1860 年代中，香港已有股票成交的紀錄。

1874 年創辦的《循環日報》，已有股票行情專欄。成交的股份以船公司、保險公司為多，還有中華煤氣公司及上海（滙豐）銀行，當時滙理銀行的成交價，為面額與配售價相同的 125 元。

股票交易場地，為畢打街鐘塔周遭的皇后大道中街頭，或附近的餐館。所謂"掛牌"，實際為良莠不齊之外籍"經紀"的口頭報價，以致買賣雙方不時發生糾紛，或因價位起跌不能履行交收而鬧上法庭。在法官的責成下，香港第一家證券交易所"香港股份總會"（Hong Kong Stock Exchange）於 1891 年成立，場址設於雪廠街與德輔道中交界。當時亦流行"炒"期貨的"買空賣空"，受到當局的干預和整頓。

1903 年，商務局規定，股份買賣時經紀只能向賣家抽佣，買家免佣，之前是雙方皆需付佣金者。稍後，又恢復買賣家均需付佣的原狀。

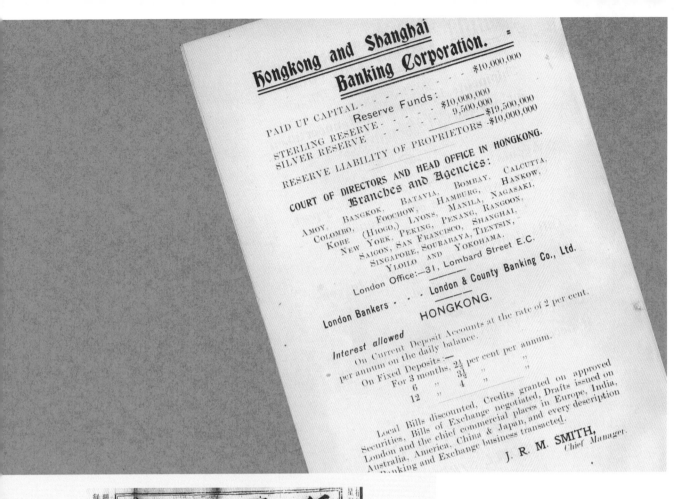

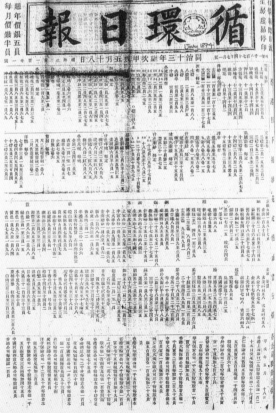

▲ 1906 年滙豐銀行的廣告，當年的總司理為史勿輔（J. R. M. Smith），實收資本已增至港幣 1,000 萬元。

◀ 1874 年 7 月 1 日的《循環日報》頭版，刊有棉紗、花芷頭、雜貨行情。底端為各公司股份行情，當中有上海（滙豐）銀行、黃埔船塢、煤氣公司、香港酒店及於仁保險公司的股票報價。

1909 年，滙豐銀行面額 125 元的股票，成交價為 1,000 元，上海市場的成交價為 1,025 元，在倫敦登記之股份的成交價為 95 英鎊。倫敦登記股份於 1970 年代中被取消。

1912 年，著名的外籍經紀為勞士，還有經營拍賣行的佐治·林勿（George Lammert），及華人葉伯墉。1920 年代，一間楊有股票經紀行，提供報價服務。楊有股票經紀行一直經營至 1950 年代。

1915 年 12 月 22 日，為股票期貨結算日，當日的總成交額為破紀錄的 1,000 多萬元（伸算為現時的 10 多億元）。交收雖繁忙但無出錯，被形容為萬幸。

當日成交最多的股份為：怡和屬下的印華輪船、德忌利士船公司、青洲英坭、渣甸中華糖局、九龍倉及黃埔船塢等。

1921 年，政府將股票買賣印花稅提升至每 100 元徵收 5 毫，成交即趨冷落，不少投資者改購以紗廠為主的上海股票。

同年，以華人為多數的"香港股份經紀會"（Hong Kong Share Brokers' Association）成立。

同於 1921 年成立的，還有以下六間股票及商品交易所，包括：

· 香港中外物品證券交易所；
· 香港華商證券交易所；
· 香港世界交易所；
· 香港華南證券物品交易所；
· 中華貿易所；
· 太平洋銀業交易所。

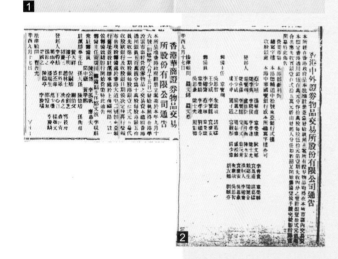

Armistice Celebration day at Hongkong 13th Nov. 1918

1　青洲英坭公司，總司理旗
　　昌洋行（Shewan Tomes
　　& Co.）於 1906 年刊登
　　的廣告。該洋行當時座
　　落於聖佐治行。

2　1921 年 10 月 21 日，
　　香港中外證券物品交易
　　所及香港華商券物品交
　　易所，在《華字日報》刊
　　登的招股通告。

3　1918 年 11 月 13 日慶
　　祝歐戰停戰日的皇后大
　　道中。左方的屋宇及其
　　右旁的都爹利街，曾設
　　有包括華商交易所的辦
　　事處及中外交易所的交
　　易大堂。

由干諾道中望雪廠街，
約 1932 年。不同時段
的交易所，曾設於正中
廣東銀行右旁的雪廠街。

上述交易所的發起人多為社會名流和銀行家,包括:韋寶珊、宋子文、李寶龍、黃廣田及梁季典等。

不少交易所的股東為銀行,包括香港的中國銀行、交通銀行、東亞銀行及鹽業銀行等,以及上海的四明銀行和通商銀行等。

部分交易所如華商交易所及中外交易所等曾開市營業,中外且兼營金銀交易。華商曾有成交行情報導。1922 年 12 月,華商交易所開始營業時,有經紀 20 多名。

可是,由當年 11 月起,政府陸續取締這些新交易所。到了 1924 年 10 月,中外交易所於雪廠街事務所內議決自行收盤事宜。俟後,只餘 "香港股份總會" 及 "香港股份經紀會" 兩間。

1924 年,股票經紀席位的轉讓價為 6 萬元。1929-30 年美國大蕭條期間,曾跌至 7,000 多元。

1925 年,周年大賽馬期間,股市曾停市三天休息。

1920 至 1930 年代之香港股市,亦買賣上海及廣州的股票,如怡和紗廠、東方紗廠、上海船塢、廣州雪廠等,用銀兩報價,如 "上海新機器廠" 的成交價為白銀(錠)七兩半。香港經紀行 "楊有公司" 提供香港及上海股市的行情和報價。

1930 年,香港電台開始廣播外匯及股票行情。

1933 年 2 月起,兩間交易所只限現金交易,不接受買空賣空投機活動,以壓抑市場的大起大落。

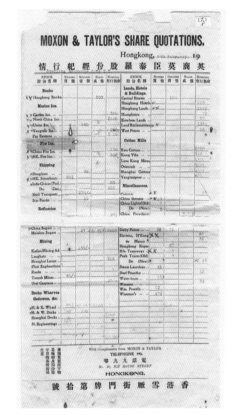

▲ 英商股份經紀印發的行情表,1920 年。報價的股份公司除滙豐銀行、九龍倉、黃埔船塢、天星小輪等外,還有保險公司、航業、糖廠及礦業公司的股份。

到了 1935 年 3 月，交易所規定買賣股份期貨須註明股票號碼，以杜絕賣空來壓低股價獲利。

1936 年，香港交易所有 "澳門賽狗會" 及 "南華澳門賽馬場" 的股票掛牌報價買賣。

1939 年 9 月 5 日，因歐戰關係，香港的兩間交易所全無成交。

1941 年 4 月 28 日，兩交易所的總成交額共只有 3 萬多元。

日治時期，股市停開，但不少華商公司如先施、永安及廣生行等的股票，都有 "暗盤"（私人交易）轉手成交。而部分對香港前景有信心的經紀行，包括煥發公司及位於太子行的楊有公司，也買賣外商公司的股票。他們不時登報徵求，徵價為：怡和每股軍票 20 円、置地每股軍票 16 円、九燈（中華電力）每股軍票 3.5 円等。

和平後的一段時期，股市仍未重開，但外地游資湧至，暗盤交易活躍。

到了 1947 年 3 月 31 日，香港股份總會及香港股份經紀會合併為 "香港證券交易所"，停了五年多的股市亦於是日重開。交易所設於德輔道中 10 號與雪廠街 8 號交界（現新顯利大廈所在）。至 1950 年，遷往新落成的公爵行 9 樓。不少股票經紀被視為社會名流。七、八十年代，顯赫的華資經紀有呂桂旂及莫應基等。

稍後的 1947 年 5 月 25 日，當局放寬 "中止法令"，准許包括中電、港燈、大酒店、黃埔船塢及廣生行等股票過戶。當時報章已有股票行情。1947 年 3 月 31 日滙豐（每股面值 125 元）的股價為 1,710 元，戰前僅為 1,445 元。戰前與戰後掛牌的銀行股還有渣打、有利及東亞等。

當時的熱門股份是公用股中電、港燈和電車。其他熱門股份還有置地及堪富利士等。

▲ 和平後的 1948 年 12 月 14 日，香港證券交易所的股市行情表。報價中的銀行有滙豐、渣打及有利；倉塢類有九龍倉、均益及黃埔；地產酒店類有置地、堪富利士及大酒店；公用類有電車、山頂纜車、九龍燈、香港燈及電話等。此外還有：蔴纜公司、青洲青坭、牛奶公司、屈臣氏，以及華資的先施、中華、永安百貨公司和廣生行等。

1952 年中起，麗的呼聲電台報導股市及經濟行情簡報。稍後，其金色電台於開市時段，直播交易所的所有成交，迄至 1970 年為止。

1959 年及 1961 年，太古船塢（現太古洋行）、九巴及怡和洋行的股票掛牌上市，並接受認購，引起熱潮。當時的股市是戰後以來最旺盛者。

1961 年及 1965 年的銀行擠提，以及 1967 年的社會騷動，均曾引致股市動盪。尤其是 1967 年的 5 月和 6 月，曾各停市 14 日。當時熱門股票價格的跌幅，由兩成至八成不等。

1960 年代後期，香港經濟蓬勃發展，加速各大企業對資金的需求，多間公司發新股集資，亦有不少新公司上市，導致更多交易所成立。

首間是 1969 年 12 月 17 日開業的遠東交易所，隨後是 1971 年 3 月 15 日的金銀證券交易所，以及 1972 年 1 月 5 日的九龍證券交易所，隨即進入“四會”（四家交易所）時代。

1972 年，包括恒生銀行、長江實業、新鴻基地產及新世界發展等過百家公司的新股掛牌上市。股市的熾熱導致自 1973 年 2 月起，各證券交易所被稱為“金魚缸”的參觀室封閉，以及下午停市。

同年 3 月 9 日，恒生指數創下 1774.69 的高峰後，旋即急跌，年多後曾低至 140 多點的新低。

此時，包括和記企業在內的多間上市公司的財務狀況陷於困境。1975 年，滙豐銀行以 1 億 5,000 萬元收購和記的新股，隨即進行整頓。1978 年，該公司與黃埔船塢合併，易名為“和記黃埔”。1979 年，滙豐將名下的和記黃埔股票，轉讓予李嘉誠的長江實業。

另一轟動新聞是 1980 年 6 月 23 日，“船王”包玉剛以每股 105 元的價格，從英資置地公司的手中獲得九龍倉的控股權。

稍後，置地公司名下的香港電燈公司及電話公司，亦轉讓於李嘉誠名下的集團，以及大東電報局。

1985 年，包玉剛亦購得另一英資大行會德豐的控股權。

1982 年，香港前途問題引起憂慮，股市下跌。《中英聯合聲明》於 1984 年簽署後，人心趨定，股市亦迭創高峰。

1986 年，四間證券交易所合併為"香港聯合交易所"。同年，成立於 1977 年的"香港期貨交易所"，開始推出"恒生指數期貨"。

1987 年，恒生指數升至 3949 點的歷史新高。到了 10 月 19 日，美國股市大跌，聯交所曾停市四天，是全球唯一停市的股票市場。

大市重開後接連數天大幅下瀉，指數較高峰時只餘下一半。

港府隨即把證券及期貨交易所進行大幅整頓。到了 1990 年代後期，經歷多次波動的股市才漸入坦途。

◀ 香港電話公司的股票，1986 年。該公司稍後轉變為香港電訊及電訊盈科。

第十九章

特殊行業與職業

　　1870 年代，已有約 20 間洋槍店及槍炮店，在中上環至西營盤間開業，包括一間位於同文街的駿隆。

　　1880 年，中環的科古洋行登廣告出售法國快槍 200 多枝，兼碼子（鎗彈）出售。1881 年，已有整洋槍者（Rifle Makers）5 人。

　　1885 年，一間霎（Sharp）公司，出售 "暗士當郎"（Armstrong）行伍炮的炮架。

　　1921 年，一 "永康公司" 經營及安裝可直達警署的警鐘。

　　1930 年代，有一位於砵典乍街 22 號的 "香港槍店"，一直經營至二十一世紀初才結業，該座舊樓現仍存在。

華人不同行業匯聚的
砵典乍街，由皇后大
道中向下望，約 1938
年。左方現萬宜大廈
所在的舊樓羣，有百
多家不同行業的店
戶。而右邊的商店有
包括印刷、土產、領
帶及打字機等公司，
還有一間位於 22 號
的香港槍店，該座舊
樓現仍存在。

1885 年，一間位於威靈頓街的軒士洋行，出售滅火藥水（滅火筒），並在操兵地（美利操場）及大笪地試演（示範）。

1874 年，有狀師（律師）請求巡理府（中央警署內之裁判署）設風扇（懸於天花的帆布，由人手拉動以生涼風）。惟律師不在時則不需拉動。

1907 年，德輔道中 112 號的天和辦館在報章登廣告，招請"扯風扇人"及替工百餘名，全盤承攬或散做亦可。直到 1910 年代雖已有電風扇，但仍有"扯風扇人"的職業。

1880 年，有一恆芳鳥店開業於皇后大道中 106 號與閣麟街交界。到了 1909 年，亦有一間位於閣麟街，恆芳鄰近的濟芳及雲芳雀舖，出售白鴿、孔雀、鴛鴦及朱（丹）頂鶴等雀鳥。閣麟街因而被稱為"雀仔街"。

1925 年，有人經營"糞艇公司"，將從香港收集得之糞便，運往順德黃連一帶用作肥料。

1930 年起，有不少領牌而經營的"博彩射擊場"，中彩者可獲煙仔一包。

1881 年，在當局統計中有星士（Fortune Tellers）84 人。1920 年代起，有不少號稱精通"六壬神課"、觀氣色、批相、睇全相的相士，在報章登廣告招徠。1930 年代起，不少占卜星相館開設於荷李活道大笪地內之舖位。

1940 年，一名相士吳師青，宣稱精通考察風水地理、洋堆洋宅飛星、鐵板神數、星盤批命。

1950 年，有相士"上海真正玄真子"及"小糊塗測字"到港，寓灣仔六國飯店（酒店）六樓候客。

▶ 一名在油麻地新填地街
街邊擺檔，兼營睇相的
江湖郎中（醫士），約
1925 年。

　　同時，有不少街頭占卜星相的相士，及代寫書信（稱為"寫信佬"）的大眾秘書，其店舖或檔口分佈於大笪地、荷李活道、美輪街、莊士敦道，以及油麻地榕樹頭及雲南里一帶。亦有若干位兼寫招牌大字者，集中於公利竹蔗水店旁的卑利街，以及灣仔救世軍學校旁的莊士敦道。當中一位檔口設於卑利街的陳唐先生，字體剛勁有力，可用鐵劃銀鈎來形容。

　　至於相士則有"金吊桶"、"釣金鰲"、"左筆根"、"林文紀"及"玄機子"等。有一位"盲相士"於黃昏起在文咸街景福金舖門口擺檔，傳聞他指示該金舖以鏡作招牌，以及設一斜招牌以致風生水起，業務進展神速。

　　1950 年代中，有不少街頭熨衣婦，用木炭熨斗提供熨衣服務。這等熨衣婦遍佈於港九各橫街，數年後才告消失。

戰後起迄至 1970 年代，有不少馬票女郎及男郎，在街頭及食肆穿梭兜售每張 2 元的馬票及每張 2 元 1 角的小搖彩票。若干商會、工會的收費員或信差亦兼此業以賺外快。很多找換店及士多亦兼售，多標示"頭獎在此"作招徠。

1957 年 6 月，賽馬因風雨改期，小搖彩票押後開彩，售賣者迫得以蝕本價 1 元 9 角出售。

除馬票外，亦有不少人在市面推銷小型日用品，如眼鏡、耳挖、指夾鉗、刀片、牙刷、手帕，以至原子筆、毛筆及拍紙簿等文具，導致部分食肆於門前標貼"擦鞋賣物，不准入內"的告示。

二戰和平後，有一門名為"私家偵探"的新興行業，著名的有位於半島酒店 507 室，由希智覺（B. W. D. Hichicock）及王仁明主持的"港九私家偵探徵信社"，以及跑馬地山村道的"林榕漢私家偵探事務所"。在偵查人員當中，部分曾當美軍情報機構的高級人員，或曾在本港警署負責同樣職務。

私家偵探的任務是偵查重婚、通姦、騙財騙色及閉門失竊之證據，以及查找失蹤人士及作跟蹤工作。1950 年時，"釘梢"（跟蹤）的工作，收費 1,000 元。他們亦會作明探暗訪，以解決商業及有關房屋的糾紛。

1　位於中環皇后大道中 187 號，以及上環文咸東街 1 號，創辦於約 1880 年的得雲茶樓。其左鄰為老牌的泗利金舖，與及於 1949 年在此營業以鏡招牌及斜招牌馳名的景福金舖。

2　綵燈紮作師傅，1980 年代。

參考資料： 香港政府憲報

《循環日報》

《華字日報》

《華僑日報》

《星島日報》

《華僑日報》編印〈香港年鑑〉（1951-1993 年）

鳴謝： 何其銳先生

佟寶銘先生

吳貴龍先生

陳創楚先生

許日彤先生

安隆金銀有限公司

香港大學圖書館